大展好書　好書大展
品嘗好書　冠群可期

大展好書　好書大展
品嘗好書　冠群可期

老拳譜新編35

科學化的國術
六路短拳

吳志青 著

大展出版社有限公司

策劃人語

本叢書重新編排的目的，旨在供各界武術愛好者鑒賞、研習和參考，以達弘揚國術，保存國粹，俾後學者不失真傳而已。

原書大多為中華民國時期的刊本，作者皆為各武術學派的嫡系傳人。他們遵從前人苦心孤詣遺留之術，恐久而湮沒，故集數十年習武之心得，公之於世。叢書內容豐富，樹義精當，文字淺顯，解釋詳明，並且附有動作圖片，實乃學習者空前之佳本。

原書有一些塗抹之處，並不完全正確，恐為收藏者之筆墨。因為著墨甚深，不易恢復原狀，並且尚有部分參考價值，故暫存其舊。另有個別字，疑為錯誤，因存其真，未敢遽改。我們只對有些顯著的錯誤之處做了一些修改的工作；對缺少目錄和編排不當的部分原版本，我們根據內容進行了加工、調整，使其更具合理性和可讀性。有個別原始版本，由於出版時間較早，保存時間長，存在殘頁和短頁的現象，雖經多方努力，仍沒有辦法補全，所幸者，就全書的整體而言，其收藏、參考、學習價值並沒有受到太大的影響。希望有收藏完整者鼎力補全，以裨益當世和後學，使我中華優秀傳統文化傳承不息。

為了更加方便廣大武術愛好者對老拳譜叢書的研究和閱讀，我們對叢書做了一些改進，並根據現代人的閱讀習慣，嘗試著做了斷句，以便於對照閱讀。

由於我們水準有限，失誤和疏漏之處在所難免，敬請讀者予以諒解。

科學化的國術

吳志青編

馬公愚題

尚武樓叢書第九編

科學化的國術

于右任

體育良師

王正廷題

志氣精神

三軍不可奪者志也百折而不撓者
氣也專一而不離者精也堅而不可知
者神也

閻侯林傳甲敬題

編者吳志青先生

科學化的國術　目次

再版《科學化的國術》弁言

三民主義之下革命軍，統一華夏，奠都南京，百廢俱興。昔軍閥政府，素不注意之武術，今乃一躍而為黨國要人所重視，中央設立國術館，各省市設分館。上年首都舉行國術考試，盛極一時；今秋浙省亦有全國國術遊藝會之舉，追憶八年前海上舉行第五屆遠東運動大會，參加會員為中日菲三國健兒，運動種類大都為田徑賽和球類，而我國固有之體育則付缺如。

青竊以為恥，每思有以發揚之得，一吐氣於碧眼黃髯之前。是年適舉為江蘇省教育會體育研究會會長，並主持中華武術會，於是職責所在，義無所顧，遂挺身向遠東運動會籌備處交涉，請求加入，以表我國固有之武術，以振我國尚武之精神。

該會主幹為美人葛雷博士，初不允所請，且謂貴國武術既乏教育之價值，又不合生理之需要，如果加入，恐為會眾所不取。青聞之不服，再三與之辯難，始由麥克樂先生從中斡旋，且力贊青所研究之武術切合科學，並請予以機會參加，始獲葛雷允許。及後省教育會開會議決，又推青主持選擇教材，加入大會表演，並由縣教育局通令各校預備研究。青即將固有之武術，按教育之原理，依生理之次序、心理之要求、技術之實用，編輯而成，按程授課，不期月而成效大著。

茲將當時預會及大會時各界贊許之評論，分別摘錄於後。

錄上海新中時各報（民十年五月七日）

中華武術會總幹事吳志青君，近編中國式新體操，昨晚七時在一品香宴請各界商榷，到者如遠東運動會主幹葛雷博士，體育家郝伯陽，武術家馬子貞，紳商王一亭、葉惠鈞，教育家蘇穎傑、沈恩孚，報界邵力子、戈公振、謝介子、謝強公，女體育家郝映青、柏克菲女士等中西人士四十餘人。

席間由吳君表演，並說明十餘年研究體育武術，近按生理上、心理上、教育上之程式，著成《中國新體操》，今改《科學化的國術》，曾親赴各高小學校教練，已略睹成效，現加入遠東運動會，先於明日（八日）午後一時，召集各學校學生，假公共體育場會操第。茲事體大，深恐隕越貽譏，因此敬請諸君光臨，面請指示。尚望諸君不吝賜教，並加以提倡云云。

次葛雷博士演說體育之成功，歸根於技術、熱心、精神三者，今吳君蓋得之矣。鄙人甚欲知中國人究合於何種體操云。次邵力子先生演說，深贊吳君以科學整理中國學問。郝伯陽先生演說，保存國粹從技術公開始。柏克菲女士演說，中國婦女必須與男女同一健康。吳君在本校教授多年，此種教材不但限於男子，女子亦適用云。九時許，攝影而散。

摘錄上海新申時各報評論（民十年五月九日）

大南門中華路民立中學，於昨日午後一時，假西門外公共體育場舉行春季運動會，中外來賓共約八千餘人，由該校校長蘇潁傑君與職教員及學生殷殷招待。會中秩序甚佳，並有童子軍在場照料。會中有參與此次遠東運動會之六小學校、縣立一高、二師附屬和安、養正、育材、潮惠會操。該校教員吳志青君編著《應用武術中國新體操》，今改《科學化的國術》，最為引人注目，均精美可觀，至六時始盡歡而散。

參加遠東運動會的體操與疊羅漢節目，為萬里長城，崑崙山脈，十大名山、寶塔等及歡呼六項。此項運動為中華武術會吳志青君所編，稱為「中國新體操」，今改「科學化的國術」。今日表演即為此屆參與遠東運動會之預備也。制服一律白色背心、短褲、黑襪，胸前懸徑六七寸國徽一方。

先是各校學生排列場外，導以國旗軍樂入場，環行一週，然後排一橫隊，再分六小隊，由教者指示表演，每節做完間以歡呼聲浪齊一。此次所演僅為第一、第七兩節，每一節完掌聲雷動，其中以崑崙山、寶塔二節為尤佳，而學生動作活潑，參觀者無不嘖嘖稱賞。

遠東運動會會務日報詳記中國武術遊藝盛況

第五次遠東運動大會，民十年六月四日午後二時半，表演中國武術遊藝，評「真可謂為國增光了」。

一、入場　午後二時半，中華武術會會員和養正等學校學生約五百人，由司令吳志青君導入場內，先環行一週，然後列一橫隊，前列軍樂高唱國歌，音韻悠揚，全場肅然。

二、服裝　武術會會員全著技擊用特製衣服，養正等學校學生全體白帽、白背心、短褲和黑鞋、黑襪，手中各執國旗一面，背心前面亦各縫國旗一方，每一動作時光耀眩色，極為悅目。

三、節目　所演各種遊藝可分三項：（甲）中國新體操。因為時間的關係，只演第一部第一和第七兩節。（乙）疊羅漢：（1）萬里長城；（2）崑崙山脈；（3）駱駝峰；（4）名山；（5）寶塔。（丙）拳術單演如洪拳、六合拳、六合棍、單刀、查槍、雙掌入門；雙演如三把腰、雙頭槍、查拳、月牙鏟、雙劈、單刀等。甲乙兩項係養正等學校學生表演的，丙項係武術會會員表演的。

四、歡呼 入場後、出場前和表演的時候，常有歡呼聲音齊一，很能振起他們自身和觀者的精神。他們的歡呼共分有六種，他們的表演極博中外人士的讚美，因為他精神活潑、操練得嫺熟和動作的整齊，在在可令人稱讚。他們在很多外國人的面前，將本國國粹盡力表現出來，使外人可以知道我國固有武術的真價值，真可謂「為國增光了」。

現在東西洋人很重視我國的拳術，還望國人要群起來保存才好呢。再吳志青君所編的「中國新體操」，是參用心理學和教育學、生理學作根據的，很有採作學校教材的價值，也望國人提倡起來啊。

同日海上各日報評「真不愧稱中國新體操」。

昨日本埠南市中華武術會，發起集合二師附屬縣立一高、市立養正、和安、育材、潮惠各小學校操練中國新體操，由總教練吳志青君指揮，前導國旗、會旗列隊遊行一週，然後入場。學生襟前各佩國徽一面，服裝清潔，步伐整齊，咸具活潑之精神。其操練之程式：

一、唱國歌抑揚頓挫，英氣勃勃，有不可一世之概。

二、演「中國新體操」，今改「科學化的國術」，動作美滿，精神充足，中外觀者無不同聲讚揚，謂「真不愧中國新體操」。是時編者分送說明書，內容分生理、心理、教育與實用要訣，及疊羅漢之釋名與圖書印刷精良，受者頗為寶貴。

三、歡呼聲音齊一，頗能振起觀者和自身之精神。

四、表演疊羅漢：（甲）萬里長城；（乙）崑崙山脈；（丙）駱駝峰；（丁）名山；（戊）寶塔。每演一節無不掌聲如雷，深得觀眾之贊許。體育家及各界之術會之武術，刀光劍影，虎鬥龍爭；對練各種技藝之精妙，間不容髮，咸歎觀止。其間有八十老翁何玉山與于振聲之三把腰，楊奉真、吳志青之對打四路查拳，羅叔青、韓凌森之月牙鏟，尤其特長，倍增精彩。此次表演足為遠東運動會生色，而為武術增光亦不少也。

統觀上述，可見各界對本編表演之成績咸加推許，則本編之價值亦可想而知。

民國十八年秋九月

吳志青　再誌

沈序

東方數千年號稱古文明一大國如吾中華者，當然有甚多之國粹流傳於世間，而供教育者研究之資料也。雖然，東方國性，向多趨重貴族式，而罕為平民式者。其所謂文明事業，大抵依帝王士大夫為隆替；而閭巷田野間，農工商等社會習尚，十九皆湮滅不傳。予甚惑焉！繼而思吾國國粹，蓋偏重於文科藝術之研究，以其迫於貴族式也；若乎武術藝術，與平民社會諸藝術，均鮮列於國粹之價值矣。間嘗稽我國史，武派雖不少奇才異能，而但詳俠義，武術則略也。武科雖不少豐功偉績，而但著兵法，武術則缺也。若是乎中國果無武術之國粹乎？曰：否，否，蓋有之，則在江湖獻藝者之手技，或方外僧侶等之口授；若欲求諸學校教育、專科研究，以普及於平民智識者，闐然未之前聞。夫世間無論何事，皆自有其條理，皆可為藝術；為藝術，皆可成學科，而有其教材。況乎吾國武術，自有精義原理良法妙用存乎其中，卓然為我東方古文明國一大國粹，雖少專書傳世，然自有能之者學習而傳之。日本有柔術專家，蔚成武士道。歐洲古時有武士教育，今尤多技擊家。列強之名，有由來矣。今我國正患文弱，倘有武術家起而振奮之，寧非急務乎？

吳君志青，毅然倡設武術會；更本其夙所練習之武術智能，著為武術新教材，今付刊以廣供各學校之傳習，他日於普通體育科外，新樹一幟，斯已美矣！矧其裨益於平民教育，尤切實用歟？爰弁數語，以告武術學者。

新紀元之十年四月

沈恩孚

林序

健全之精神，棲於健全之身體；身體不健，則精神昏惰，陷於醉生夢死，而不自知。中國自甲午一敗，睡獅始覺。余以化學生求試武備學堂，因身材短小，目力短視，不獲選。然丙申牀（校點：音chuang，古同「創」）時務學堂，以幼學操身為體操教科，佐以中國易筋經。二十年來，南行不避煙瘴，北行不避冰霜，周遊十五省區，實賴此有用之身，精神不減也。

黑龍江為尚武之地，愚夫婦十年教訓；今畢業生之武術，亦見稱於精武體育會，如劉生鳳池是也。然未若郭生濬黃，日馳馬八百里，挾五經以傳孔教於庫倫，尤勇敢也。嗟乎！南強北勝，海內紛紜。平心論之，滿蒙土厚水深，勢不可當，兵皆可用；成吉思汗征歐之偉烈，亦我五大民族之光也。

願吳子鼓吹東南文明之學子，毅然自強，自此書始，並養精蓄銳，建設新事業，則體育之用於實業道德甚多，非僅以尚武耀兵也。不戢自焚，古有明訓。武裝和平，人皆可用。吾其師美利堅乎！

閩侯 林傳甲 謹序

謝序

今之世界，科學世界也；科學之於世界，猶腦筋之於人身。無腦筋，則人身無精神；無科學，則世界無文明。故今日莊嚴燦爛之世界之新文明，實則精密佳妙之科學之現象也。科學之部類，無分乎文武，今世陋俗，執有文學無武學之說，是謬見也。夫立國大地，文武不可偏廢。故所謂武術，亦新文明之一種原素也；亦可曰一種科學也，豈徒以技藝名之乎？且即為技藝，亦豈可無科學之原理原則乎？

我中華為世界有名之古文明國，在昔帝王時代，開國創業，競尚武功。斯時講武術者，因帝王習尚，播為世界風俗；而武術家輩出，武術書紛陳，是科不無進步。迨乎國家承平，修文偃武，民風日趨文弱；不數十年，武術界不絕如縷，廢弛不復講求，蓋社會之智識，純隨帝王嗜好為轉移，數千年如出一轍，良可慨歎！

歐洲當中古封建時代，諸王侯各養武士，尚技勇，武術因之日精。其後封建廢而武士屏棄，武術漸衰，中外蓋有同慨！雖然，我國之武術，遺傳於後世，而得為寶貴之一種國粹者，蓋亦不少，日本得我緒餘，別成一種武士道。維新以後，參加科學之精意，遂以技擊為戰勝強俄之特別利器，亦可謂殊榮矣！反觀吾國武術，雖有南北少林武當等派，然而有保守，無進步，不能利用之以增國防之色彩；此其故何也？

蓋無專科研究之組織，即不可合於科學之方法。是故徒事拘墟（校點：拘：拘守；墟：指所居住的地方。原指井底之蛙受所處空間的限制，只能看到一點天空。現多用來形容狹隘短淺的見識），而不能普及發展耳。吳君志青，首創武術會於海上，成立僅及年餘，會員日增；分會且推及於閩粵南洋，遠及法國等處，前途蓋有無窮之希望焉。

吳君於武術專門研究有年，其言曰：武術蓋與科學有密切之關係者也。居今日而謀救國，武術實為要圖。然苟不依科學之方式，以改良推廣之，則永無進化之日。其研究武術之大略：

（一）須按生理學之義理，而不背衛生之要旨；（二）從心理上研究，求學者之智識如何精確，意志如何高尚，感情如何活潑，輔以音樂，助學者之興趣；（三）須合於教育上之程式，而養成是科人才，謀普及於平民社會；（四）練習各種動作，須合實用，如交際上跳舞諸有規則之優美運動，以期改良社會粗野之習慣，而以體育輔佐德育精神，養成完全高尚之人格。

綜上四者，以立武術研究之要旨，謂之武術科學可也，謂之科學武術亦可也。夫如是，是科之價值，庶幾可增高於今日競存之世界矣。今吳君又以其所研究貢獻於世，而按生理之構成，與體育之原理，心理之關係，教育之順序，以編成各種柔軟體操，分之，則為精練優勝之各種新式技能；合之，則連成一貫之實用手法；狹之，則交際社會，為活潑優美之舞蹈；廣之，則捍衛國家，為出奇制勝之利器。

嗟乎！中國武士道，曷嘗非新文化運動之一種乎？世有倡武術救國者，須知仍是科學救國而已，故唯有科學之武術，始足稱武術；亦始足發揮光大科學之效用也。今吳君將以斯編付刊，文供各界之傳習。爰序其要略於簡端。

中華民國開國十年四月

強公謝燮

唐序

世界無新物，特本諸原質，各盡發明製造之能事而已；世界無新理，特本諸自然，各盡尋繹推演之心力而已，故一代之技能，有一代之應用；一國之技能，有一國之特性；古代之技能，不必適用於今世；歐美之技能，未必適用於中國；因環境之不同，而思想之各異也，吾於體操亦然，德日之體操，重強健身體而適用於軍事；英美則重訓練精神而適用於生活，雖其方法應用各有不同，要皆本諸其固有之活動，適應各自之環境，以發揮其特性而已。

不知者妄行採取，徒為削足適履之謀，未見截長補短之效，尤有復古者流，斤斤為國粹之保存，而昧於時代環境與思想之變遷，是皆不能盡發明製造之能事，與尋繹推演之心力者也。

吾國民固自有其技能，特時代應用之不同，未免相形見絀耳。吾國又固有其特性，特訓練之法不良，故未足以發展耳。

試放眼觀察現代之環境，既不應具黷武雄心，如德日之專重軍備；又不可泰然自處，如英美之偏重生活，則吾國現代所取之體育方針，應折中此二者，已無疑矣。

吾國固有之技能為何？武術是也，固有之特性為何？仁義是也。之二者，如能加以變通，採為體育之方法與目的，更善事應用訓練，以應付現代之環境，必能折衷德日英美之間，而吾國民有卓立之地位也。

吾友吳君，素精武術，尤明體育之真義；故本其平日所學，參以教授心得，以中國固有之武術為原質，加以科學方法之製造，發明一體育上之新物品，命其名曰《應用武術中國新體操》，今更名《科學化的國術》，既成此冊，索序於余；余細玩其編列之次序，與應用之方法，深合生理學、心理學及教育學之原理，既足增進健康，又能引起興趣，更能養成各善良之性質，是誠體育研究之菁華，尤預備應付環境之良術也。謹弁數言，質之識者以為何如？

中華民國十年四月

唐新雨

蔡序

我國武術，歷久不敗，蓋有哲理存乎其間，非精於斯道者，實難洞悉之也。其後派別既夥，真傳漸失，所以然者，一則挾技橫行，致遭社會唾棄；一則智識譾陋，不知其所以然，而失其真；良可惜已。

歙縣吳君志青余同學也，研究武術十有餘稔，教授之暇，輒自練習，其好學不倦之心，令人肅然起敬。

民國八年，吳君集合同志，刱辦中華武術會於滬南，不期年而會員已達千餘人之多，深受社會信用，乃者出其所學，著成一籍，題曰《應用武術中國新體操》，今更名《科學化的國術》。改進武術，意在普及，一般學校社會咸可採用練習，謂為健身法可；謂為延生術亦無不可，造福人群，實非淺鮮，武術前途，有曙光矣！謹為序。

中華民國十年四月

蔡偪哉

凡例

一、本書以普及體育為主旨，故取材極簡，期合實用而便練習。編者曾實驗於上海女青年會、體育師範、民立中學、江蘇省立第二師範、上海縣立一高、養正、潮惠、和安、第二師範附屬、育材等學校，及江蘇教育會、體育研究會、暨中華武術會等處，已獲良好效果。

二、本書採取各家國術菁華，依據生理學、心理學、教育學等之原理，編成動作。雖不敢謂完善，然按諸科學尚無悖謬，故定名曰《科學化的國術》。

三、本書適合高小及普通師範學校教材；即個人家庭，能依法練習，可免腦肺胃腸等病，而入於健康之域。

四、本書除詳細說明外，附以銅板製成各種姿勢圖；俾學者按圖練習，一目了然，無困難扞格（校點：互相抵觸）之弊。

五、本書分上中下三編：一部為上編，第二第三部為中編，以第四部為下編。除上編先行付梓外，中下三編正在實驗中，一得圓滿效果，當續出版。

緒論

人類進化，有天演之公式：合則生存；否則敗亡耳。我中華立國四千餘年，其間他國之滅國亡種者，不知凡幾；而我國卒未至於淪胥（校點：相率牽連；泛指淪陷、淪喪）者，要必有足以自存之道焉。自存之道何在？蓋一則以文化之燦爛，一則以武事之發揚。而近者文化方有日新之機，武事則如江河日下，至可慨已！

志青不揣簡陋，前創辦中華武術會於滬上，藉謀集合同志，研究國粹，以期保存與發展焉。尤有感者，今昔時勢不同，現為文化進步，科學劇戰時代，故國術一道，脫不以科學方法，從而改進，勢難邀社會之信用，必致完全失傳，而國運亦將受其影響矣。

茲將國術與生理、心理、教育等之關係，分述如下：

（一）國術與生理之關係

人皆欲享幸福者，天性然也。然一切幸福，皆本於身體、生活之健全。凡人不求幸福則已，苟欲求之，不可不依據生理學，力圖身體、生活之健全，明矣。語云：「戶樞不蠹，流水不腐」；人生於世，自當及時運動。運動之於人身，其重要與衣食住等，衣食住一日不可少，而運動亦一日不可缺也。

蓋人生職業之興敗，當視精神與體力之何如為比例差，而精神之所以能充分，體力之所以能健強者，皆由鍛鍊而得。故吾人一日內，除經營職業外，當有一定之時間，修養其身體與精神，以為職業上之補助，且於經濟上亦有極大關係；蓋體力強健，精神充足，既無疾病之苦痛，又無醫藥之消費；職業昌隆，經濟裕如，誠為人生無上之幸福也已。

（二）國術與心理之關係

武術者，體育上之一種實用運動也。蓋運動之事，如只有學理之價值，而無應用之價值，對於心理上，朝於斯，夕於斯，漸致厭倦不樂，必難得美滿之效果，又豈非在一大缺憾乎？故國術除求衛生外，尚有防禦危侮之意，存乎其中，即如體操中之足球、籃球等運動，亦另有一種競爭心理，使人不厭反覆練習，以達所爭目的而後已也。

編者歷年教授體操，為欲防學者厭倦之心，每次必變動教材，色色翻新；非然者，即不能使人增加興趣，樂於學習也。

若教之以國術，亦有不熟不止之勢，其所以不厭倦者，以其能達他種應用之目的；天下唯有實用者，為能得人心理上之欣羡，此其關係視僅求衛生者為何如乎?是故國術運動為一種實用之體育,亦即一種實用之心理也。

(三)國術與教育之關係

吾人吸收知識,必得有腦力、精神、體力三者;然三者之中,而尤以體力為要;蓋精神腦力,悉由鍛鍊而得也,人類以共同為生活,智識簡單,尚可謀生;體力不健,自絕生存之道也,故鍛鍊體軀,實為教育上之大助。

夫國術以拳術為主,拳術為我國獨有之國技,運動平均,少長咸宜,非其他之體操法可同日語也,既能鍛鍊體軀,又能活潑精神;且合實用,小則防身,大則保國,為個人團體之保障,戰鬥時短兵相接,非熟於斯道者,絕難取勝。

故武術所以練習手眼身步法，運用心身之聯合，發揮個性之本能，養成耐勞、判斷、注意、有恆諸德性，增進記憶力，助長其天良之義勇，負互助之責任，為教育上之重要關鍵，為人類生活上之必修科學。

志青不敏，謹就上述數種關係，本吾國固有之國粹及數載施教實驗所得，編成《應用武術中國新體操》，今復與△△商榷改良修正，更名曰《科學化的國術》，所謂科學化的國術者，即以科學方法，改進國術，使合乎生理、心理、教育諸原則，以期切合於實用，而易普及之謂也。凡分四部，合之則成一套國粹之武術；析之則為實用之手法；因之則為出奇制勝之技能，變之則為活潑優美一種舞蹈之動作；若更和以音樂，則心身修養，裨益不尠（校點：尠，稀有的，罕見的）。唯謬誤之處，在所不免；尚祈海內同志，進而教之。

第一部

第一節　四肢運動（兼有腰部之動作）

【種類】

行進四肢與轉體之動作。

【術名】

閃轉用掌循行進退。

【實用要訣】

要旨係練習手眼身步法，為前後受敵衝前閃後掩護之基礎。由衝打掛護步隨身進，可以脫險謂之閃；由閃而欲制勝於人，必須復轉而實用

第一圖

左式預備圖

打劈之術；轉則務將全身掩護，旋轉神速，始能盡閃轉之妙。此為脫險出奇制勝，相機因應之要法也。

【實習動作】

立正抱肘式，眼平視，胸挺起。腿併，兩腳約距離六十度。兩拳置於腰間，兩肘向後（如左式預備圖）。

一、左拳變掌，由腰間向上經額前往右肩前下按至右腋。眼平視（如第一圖）。

第二圖

第三圖

二、是時右拳即變掌，由右腑下經左掌上穿出，向右伸直，手指向上，五指併齊，掌邊向右；左掌貼右肩，掌心向內，掌形似柳葉，名曰柳葉掌。眼視右掌。身體順勢稍右轉，同時，即伸左腿，右膝屈為九十度，全身重量坐於右腿上（如第二圖）。

三、左掌由右肩向左伸直，指端向下，掌背近左腿。身稍左轉，眼視左掌（如第三圖）。

第四圖

第五圖

四、是時左掌沿腿上挑，即彎左腿伸右腿，左腰亦即同時伸縮，身體順勢左轉。左掌指端與鼻齊，右掌指端與頭頂齊，兩肘內扣。眼視左掌。兩臂形似扁擔，名曰扁擔式柳葉掌（如第四圖）。

五、左掌上衝，右掌下掛。同時，右腿隨右臂上一步，身體順右腿猛閃向前，右腳趾點地成丁式。眼平視（如第五圖）。

第六圖

第七圖

六、同時，身體由左後轉，是時右腳再向前一大步，右腿下彎，左腳伸直，身體順右腿閃向左。同時，左掌後劈，右掌前挑。眼視左掌（如第六圖）。

七、是時身體左轉，腹部內收，左腳收回半步，與右腿併齊，成左虛式。同時，右臂內轉。眼平視（如第七圖）。

第八圖

右式預備圖

八、左腳向右腳後方，退後一大步，右腳下彎，左腳伸直，成右弓式。同時，左掌下掛，復上挑；右掌上衝，復下劈，兩臂成弧形。眼視右掌（如第八圖）。停立正，成抱肘式。

立正抱肘式，眼平視，胸挺起，腰直；腿併，兩腳約距離六十度；兩拳置於腰間，兩肘向後（如右式預備圖）。

第一圖

第二圖

一、右拳變掌，由腰間向上經額前往右肩前下按至左腋。眼平視（如第一圖）。

二、是時左拳即變掌，由左腋下經右掌上穿出，向左伸直，手指向上，五指併齊，掌邊向左；右掌貼左肩，掌心向內，掌形似柳葉，名曰柳葉掌。眼視左掌。身體順勢稍左轉，同時即伸右腿，左膝屈為九十度，全身重量坐於右腿上（如第二圖）。

第三圖

第四圖

三、右掌由左肩向右伸直，指端向下，掌背近腿。身稍右轉，眼視右掌（如第三圖）。

四、是時右掌沿腿上挑。即彎右腿，伸左腿，右腰亦即同時伸縮，身體順勢稍右轉。右掌尖與鼻齊，左掌尖與頭頂齊，兩肘內扣。眼視右掌。兩臂形似扁擔，名曰扁擔式柳葉掌（如第四圖）。

第五圖

第六圖

五、右掌上衝，左掌下掛。同時，左腿隨左臂前上一步，身體順左腿猛閃向前，左腳趾點地成丁式。眼平視（如第五圖）。

六、同時，身體由右後轉，是時右腳再向前一大步，左腿下彎，右腳伸直。同時，右掌後劈，左掌前挑。眼視右掌（如第六圖）。

第七圖

第八圖

七、是時身體右轉，腹部內收，右腳收回半步，與左腿併齊，成右虛式。同時，左臂內轉。眼平視（如第七圖）。

八、右腳向左腳後方退後一大步，左腳下彎，右腳伸直，成左弓式。同時，右掌下掛，後上挑；左掌上衝，復下劈，兩臂成弧形。眼視左掌（如第八圖）。

【生理上之關係】

閃轉用掌，循行進退，此為四肢之動作，又為腰部之運動。蓋此節縮小柔軟，活動四肢，流通氣血，舒展筋骨，為開始運動之準備，亦為講究生理之主要部分，並將各主要肌肉功用分析如左。

一、以下各肌肉之名詞，悉據科學名詞審查會所定者，閃轉用掌，即兩臂左右展開，及臂向內轉與向外轉等動作。

甲、兩臂左右展開，主要肌肉——

岡上、三角、斜方三分之一等肌肉。

乙、臂向內轉，主要肌肉——

背闊、大圓、胸大、三角、肩胛下等肌肉。

丙、臂向外轉，主要肌肉——

岡下、三角、小圓等肌肉。

二、循行進退，即大腿內轉與外轉，並屈小腿與伸小腿等動作。

甲、大腿內轉，主要肌肉——

闊筋模張、臀小、臀中、腰大等肌肉。

乙、大腿外轉，主要肌肉——

外閉孔、臂大、縫匠、恥骨等肌肉。

丙、屈小腿，主要肌肉——

縫匠、股薄、半腱、半模、股二頭、腓腸淺、蹠膕等肌肉、

丁、伸小腿，主要肌肉——

股四頭、股直、股內側、股外側、股中間等肌肉。

【心理上之關係】

此節動作，行如撥草之蛇，轉如閃電之急，一舉一動，儼有勁敵在前，得心應手之妙。

【教育上之關係】

此節專練習手眼身法步，運用神經之連合，發揮奮鬥之本能，養成耐勞、自信、判斷敏捷、勇敢、自主、有恆諸德性，此為武術之技能，而深合教育上之訓練。

第二節　改正運動（兼有軀幹之動作）

【種類】

俯仰伸縮，上呼下吸。

【術名】

十字佩虹鴛鴦手。

【實用要訣】

來無形，去無蹤（即鉤摟掛打巧妙之形容詞也）。按，此六字巧妙

第一圖

第二圖

之法，不在文字上空求，在學者熟練精通，當得此中三昧。

【實習動作】

預備

開立抱肘，兩腳距離等於兩肩闊。眼前視，腰直挺胸。

一、上體半面向左轉，兩腿下彎成騎馬式。同時，兩拳變掌，交叉成十字形，上體稍向右轉，兩掌至膝前，即變鉤向左右摟開，而膝前須前後相對。眼視前，挺胸，直腰。兩鉤與肩成垂直線，兩手交叉

第三圖

第四圖

成十字形，名曰十字手（如第一、第二圖）。

二、兩鉤變掌，交叉成十字形，兩肘近肋，上體即向後仰。右腳稍伸，左腳稍彎。同時，兩掌向左右分開，肘仍貼於肋，掌心向前，手指稍屈分開，形似荷葉，名曰荷葉掌。兩掌位於兩肩之前，腹部收緊，胸挺起，眼前視，名曰十字佩虹式（如第三、第四圖）。

第五圖

三、鬆肩，兩掌向前直撲。同時，左腿伸直，成右弓左箭步，或馬式亦可。唯兩臂平行，指尖與肩尖成半弧形，手指向上分開，用掌底使勁，形似嬰兒撲乳，名曰嬰兒撲乳式。循環連續六次，再換左向後轉，練左式（如第五圖）。

四、兩掌交叉成十字形，上體向前俯，兩掌至膝前，即變鉤向左右摟開。同時，左膝仍屈成騎馬式。眼前視，挺胸，直腰，兩手交叉成十字，名曰十字手，與第一、二圖同，圖從略。

第六圖

第七圖

五、兩足尖向左後轉，左膝稍屈，右膝彎。同時，兩鉤變掌，交叉成十字形，兩肘貼肋，上體向後仰，交叉，兩掌即向左右分開，肘仍貼於肋，掌心向前，五指稍屈，分開，形似荷葉，名曰荷葉掌。兩掌位於兩肩之前，腹部收緊，胸挺起，眼前視，名曰十字佩虹式（如第六、第七圖）。

六、鬆肩，兩掌向前直撲。同時，右腿伸直，左弓右箭步，或馬式亦可。兩臂平行，指尖與肩尖成

第八圖

第九圖

半弧形，手指向上分開，五指用掌底使勁，形似嬰兒撲乳，名曰嬰兒撲乳式（如第八圖）。再演十字手（如第九、第十圖）。如是循環連續演習六次，再向右後轉，演習六次，又向左，即名曰左右連環式。

第十圖

生理上之關係

上呼下吸者，所以擴張胸廓，增進肺量，使橫膈膜充分運動。前俯後仰者，所以伸縮腹壁筋，以助長消化力，且兼有改正動作，使胸襟舒暢，脊柱無偏倚之弊，並將各主要肌肉功用分析如左。

一、下俯上仰，即脊梁前彎，與伸脊梁之動作。

甲、脊梁前彎，主要肌肉——

項最長、頭最長、前斜角、腰直、腸內斜、腹外斜、腹橫等肌肉。

乙、伸脊梁，主要肌肉——

下後鋸、頭夾、項半棘、背半棘、斜方等肌肉。

二、轉體向左後，即轉脊梁之動作。

甲、轉脊梁，主要肌肉——

腹內斜、腹外斜、項半棘、背半棘等肌肉。

【心理上之關係】

此節動作，形態甚為美觀，並簡而易學，無論少長咸宜。練熟後，手法身法步法，自有生龍活虎之態，如此人安得不樂於學習乎？

【教育上之關係】

此節運動，非但鍛鍊體魄，活潑精神，而且有衛身抗敵之術，可為個人團體之保障，此頗合於現代教育上之需要。

第三節　上肢運動

【種類】

原地運用掌肘指腕之伸縮。

【術名】

五花炮。

【實用要訣】

此節有伸、摞、刁、拿、鎖、扣、勾、掛、擒、打。分合連環，各動作，各盡其手法之妙用，為應敵之巧具，其出奇制勝之能，洵為武術之要訣也。

第一圖

【實習動作】

預備

由立正抱肘，兩腳離開，與兩肩成垂直線，兩腿下彎，為四十五度，成半馬式。

一、右拳變掌，向前斜下伸，指端向前，掌緣切地，掌底對小

第二圖

第三圖

腹，距離約七寸許，臂膊伸直，肘內扣。腰直，胸挺，眼前視，出掌如切物，名曰切掌（如第一圖）。

二、右掌上掛，同時大膊貼肋，屈肘內扣，手掌上掛，翻手腕向後，手心向前，掌即右刁，虎口向上，手背近肩，約四寸許，先掛後刁，名曰掛掌（如第二圖）。

三、右掌斜向前伸，運掌底擊敵，右肩順手勢鬆開，腰稍轉向左，指端對鼻尖，手肘內扣，掌似荷葉，名曰荷葉掌（如第三圖）。

第四圖

第五圖

四、右臂由前下斫，至大腿後方，同時掌即變鉤，摟至臀後，手肘稍屈，上挑下摟，均須迅速活潑，而有精神。眼前平視，胸挺，腰直。以上四動，均半馬式。左拳仍抱肘，式如第四圖。

五、左拳變掌，向前斜下伸，指端向前，掌緣切地，掌底對小腹，距離約七寸許，臂膊伸直，肘內扣。腰直，胸挺，眼前視。出掌如切物，名曰切掌（如第五圖）。

第六圖

第七圖

六、左掌上挑，同時大膊貼肋，屈肘內扣，手掌上掛，翻手腕向後，手心向前，掌即左刁，虎口向上，手背近肩，約四寸許，先掛後刁，名曰掛掌（如第六圖）。

七、左掌斜向前伸，運掌底擊敵，左肩順手勢鬆開，腰稍轉向右，指對鼻尖，手肘內扣，掌似荷葉，名曰荷葉掌（如第七圖）。

第八圖

八、左臂由前下斫，至大腿後方，同時掌即變鉤，摟至臀後，手腕稍屈，上挑下摟，均須迅速活潑，而有精神。眼前平視，胸挺腰直。以上四動，均半馬式。右手仍鉤於臀後（如第八圖）。

【生理上之關係】

此節練習兩臂大小諸肌與腱，各盡其伸縮翻轉之能，實為運動上肢之良好動作也。此項動作之複雜，按運動生理上之次序，「應列在運動次序三分之一」，故列於第三節，當為腦系部間接之運動，誠為生理衛生必要之動作也，並將各主要肌肉功用分析如下。

掌肘指腕之伸縮，即髆骨向前，髆骨向下，髆骨向後，屈小臂與伸小臂，及掌向外各動作。

甲、髆骨向前，主要肌肉——

前鋸、胸大、胸小等肌肉。

乙、髆骨向下，主要肌肉——

斜方、胸小、背闊、胸大等肌肉。

丙、髆骨向後，主要肌肉——

腰方、背闊、大菱等肌肉。

丁、屈小臂，主要肌肉——

肱雙頭、肱前、旋前圓、手與指之伸、手之伸等肌肉。

戊、伸小臂，主要肌肉——

肱三頭、肱前、手與指之伸等肌肉。

己、掌內外，主要肌肉——

掌長、撓側伸腕短、尺側伸腕等肌肉。

【心理上之關係】

此節動作，練習眼明手快之技能。凡動作之遲速，以思索力之敏鈍為轉移。練習此種運動，當有比較之性質，而生競爭之心，則收心理上之功用大矣。

【教育上之關係】

此節動作，練習心靈手敏。以之為學，必日進於高明之域，以之接物，有隨機應變之方，對於智育關係綦重。

第四節　腰胯運動（兼全身之動作）

【種類】

原地彈機活步，左右閃轉踹踢。

【術名】

雙稱十字腿。

【實用要訣】

武術致勝，多在進退，且進退之要，必須腰腿一致，以拳腳之動作為轉移，所行之動作貴速，以不誤拳腳制勝之機為合法。

此節拳腳，務須全體一致，其發拳腳有抨簧之靈，始收制勝之效也。

第一圖

【實習動作】

預備

立正抱肘，式面向南。

一、左腳向東北出一步。同時，兩拳變掌，由西南上角成陰陽和合掌，猛向東北拿扎，左手拿至腰間，仍抱肘式；右掌變拳，西南上角往下打，手心向上，右大膊貼於肋。成左弓式，面向東。此種動作，名曰前拿手與後扎手（如第一圖）。

第二圖

第三圖

二、左拳由腰間直向東北上角衝出，與鼻平，同時右扎，拳收回，置於腰間，仍抱肘式。

此動作名曰應面拳（如第二圖）。

三、右拳向東斜下衝出，與心房齊，同時左拳上挑。面向東，腰直，胸挺，眼前視。

此動作名曰黑虎搗心式（如第三圖）。

第四圖

第五圖

四、雙拳變掌，左掌向上，與右掌交叉，在項前，手心向外。同時，轉體向左閃，眼前視，挺胸，直腰。

此動作名曰過項式（如第四圖）。

五、兩掌左右下落，合於懷前相切。即提起右腿，腰直，胸挺，眼平視。

此動作名曰懷中抱月式（如第五圖）。

原書缺圖

第六圖

第七圖

六、雙掌向東西撐開，左掌與頭頂平，右掌與肩平。同時，右腿向東排出，腿伸直，成九十度直角，全身向左閃，眼視東。名曰雙稱腿（如第六圖）。

七、承上右腿排出，右腳尚未落地時，左腿彈起向後退，右腳即落於左腳所立之部位，此謂為彈機活步。同時，右掌即向東南拿至腰間，成抱肘式；左掌即握拳向東下扎，左膊貼肋，手心向上（如第七圖）。

第九圖

第八圖

八、右拳由腰間直向東北上角衝出，與鼻平；同時，左扎拳收回置於腰間，仍抱肘式。

此動作名曰應面拳（如第八圖）。

九、左拳向東斜下衝出，與心房齊；同時，右拳上挑。面向東，腰直，胸挺，眼視前。

此動作名曰黑虎搗心式（如第九圖）。

第十圖

第十一圖

十、雙拳變掌，右掌向上，與左掌交叉在頂前，手心向外。同時，轉體向右閃，眼視前，挺胸，直腰。此動作名曰過頂式（如第十圖）。

十一、兩掌左右下落，合於懷前相切。即提起右腿，腰直，挺胸，眼平視。

此動作名曰懷中抱月式（如第十一圖）。

十二、雙掌向東西撐開，右掌與頭頂平，左掌與肩平。同時，左腿向東排出，腿伸直，成九十度直角，向右閃。眼視東。

名曰雙稱腿（如第十二圖）。

第十二圖

【生理上之關係】

此節為彈機活步之動作，能振動內臟，激刺腸胃，且能助增消化力，促進血液循環，使各關節之腱增強彈力性，並將各主要肌肉之功用分析如下。

一、前後手拿扎，即兩臂下垂與屈伸小臂之動作。

甲、兩臂下垂，主要肌肉——

背闊、大圓、斜方下三分之一、胸大等肌肉。

乙、屈小臂，主要肌肉——

肱二頭、肱前、肱前（校點：疑似錯誤）、前旋圓等肌肉。

兩臂上伸下伸，即伸小臂。

丙、伸小臂，主要肌肉——

肱三頭、胸大、橈側伸腕短、尺側伸腕等肌肉。

提腿舉腿側排，即大腰前舉，及左右展開之動作。

二、左右閃轉踹踢，即大腿前舉，及左右展開之動作。

甲、大腿前舉，及左右展開，主要肌肉——

梨狀、內閉、孖上孖下、縫匠、闊筋膜張等肌肉。

【心理上與教育上之關係】

俱見前節。

第五節　快速運動（兼有彈機跳躍之動作）

【種類】

彈機躍進快速之運動。

【術名】

百步花。

【實用要訣】

要旨，練習身體輕捷，手腳靈便，為運用閃轉進步之妙法，及登高涉遠諸動作，有絕大之關係。常練能使手腳敏捷，進能取，退能守，行如飛，快如風，制勝於十步之外，此為武術之要法也。

【實習方法】

預備動作

立正抱肘 眼前視，挺胸，直腰，兩腳踵靠攏，腳尖分開，距離九十度；兩掌握拳，屈兩肘為九十度，兩拳置於腰間，肘尖向後。

一、撩左掌，出左步，左拳變掌，伸直，由胯外向上撩，肘尖裏扣，成柳葉掌。同時，左腳向前出一步，腳尖點地，腿屈成一百八十度四分之一。

右拳仍抱肘，右腿稍屈。欲得姿勢準確，則掌尖與肩尖齊，成半弧形，鼻尖與肩尖對齊，肘與膝蓋、腳尖對齊，前肘與後肘對齊，前膝與後膝對齊，名曰五齊，形似月斧，名曰闊斧式（如第一圖）。

二、伸右腿，提右腿，屈膝至九十度，向前伸，足尖斜向上，足踵用勁，向前排出，同時即落地，名曰排腳式（如第二圖）。

三、右腳落於左腳前，即提左腿，屈為九十度，腳尖向上，腳底稍向前。同時，左掌由前向後，回至腰間下擺；右拳變掌，伸直，由右胯

第一圖

第二圖

外上撩，成柳葉掌。指尖對肩尖，肘尖裏扣，指尖至肩尖成半弧形，肘尖對腳尖，前膝對後膝，唯右腳落地時，用彈力，臨空搶步而進，即向前搶一步，名曰右搶步腿（如第三圖）。

第三圖

四、左腳即向前落地，即提右腿向前屈膝，為九十度，足尖向上，腳底稍向前。同時右臂由前向後，回至腰間，下擺；左掌上挑，成柳葉掌。指尖對肩尖，肘尖裏扣，唯左腳落下，用彈力即向前搶一步，名曰左搶步腿。如此循環，搶腿演進。但前進時，兩臂前後擺動，順勢臨空搶步而進。左右連續運動，欲停則左腳搶步時，停於右腳上，即向成闊斧式（如第四圖）。

第四圖

【生理上之關係】

左右交互，提腿搶步前進，所以使胯骨關節敏活舒暢，並能振盪腸胃，既助消化，亦可免便秘等症。並將各主要肌肉之功用，分析如左。

一、手前挑後擺，即臂前舉與下垂之動作。

甲、兩臂前舉，主要肌肉——

三角、喙突肱、胸大、肱二頭等肌肉。

乙、兩臂下垂，主要肌肉——

背闊、大圓、斜方下三分之一、胸大等肌肉。

二、舉大腿與伸腿之動作。

甲、舉大腿，主要肌肉——

縫匠、闊筋膜張、恥骨A股直等肌肉。

乙、伸小腿，主要肌肉——

股四頭、A股直、B股外、C股內、D股中等肌肉。

【心理上之關係】

此節練習手腳輕捷靈敏，為自然跳躍之動作，當為少長咸宜之運動也。而於此種動作，又便易於學習，興趣亦濃，並能增人勇敢進取之心，關乎心理上，確有莫大之關係也。

【教育上之關係】

此節動作，可以發展敏速判斷、決斷勇敢、膽量、啟發、機警各優良之本性，而於教育上最有關係，要在教者之善用利導耳。

第六節　舒緩運動（即調和之動作）

【種類】

原地運用指腕及臂之擺動，並轉動軀幹及腿之伸縮。

【術名】

翻江搗海。

【實用要訣】

要旨，係練吞吐連環之法，為擒拿鎖扣之用。欲研究武術之真諦，以此為入門之要訣也。

【實習方法】

預備

由立正抱肘，兩腳離開，與兩肩成垂直線，兩腿下彎為四十五度，成半馬式。

第一圖

一、兩拳變掌，向左側邏，右掌心向上，左掌心向下。同時，軀幹順手勢向左轉。眼視兩掌。左臂平屈於胸前，右肘近貼於肋，小臂平屈於心前，兩手大拇指與四指成鉗形，兩手心上下相應，距離約七

第二圖

第三圖

八寸許（如第一圖）。

二、兩掌即翻轉，而臂則上下互換位置，右臂平屈於胸前，左肘近貼於肋，小臂平屈於心前，兩手手指仍成鉗形，兩手心仍上下相應，距離約七八寸許，兩手擒拿平行，緩緩向右，軀幹順勢亦右轉（如第二、第三圖）。

三、兩掌再翻轉，而臂則又上下互換位置，右肘貼肋，小臂平屈於心前，左臂平拳於胸前，兩手手指仍成鉗形，即緩緩向左。如斯反

第四圖

覆來去，兩手手指如撕綿狀，則得手指功夫更大。而兩臂不可拘緊使勁，腰隨身擺，自如來往，吞清吐濁，自有妙處生（如第四圖）。

【生理上之關係】

此節為調劑快速運動，使心臟漸漸平復，為生理上必然之次序。

【心理上之關係】（同前節）

此節動作，從容以和，優游自得，有心曠神怡之妙。

【教育上之關係】

此節動作，可以養成鎮定、涵養、堅忍、謀略、耐勞、自主等各優良之德性，為教育上所必需，亦視教者之善導耳。

第七節　呼吸運動

【種類】

兩臂翻轉伸縮，助肺部吸清吐濁，為呼吸之運動。

【術名】

一元復始。

【實用要訣】

此節要旨，為練習活動兩臂筋骨，使肺擴張，運氣貫於丹田，為國術練氣之要訣也。

【實習方法】

預備

開立抱肘式（開立即兩腳分開，距離大小，則與兩肩成垂直線為度）。

一、由開立抱肘，兩臂向左右撐開為一呼氣，而兩手心須向左右，指端向上，十指乍開，則脈絡伸張，而氣血則易貫通。然後兩臂緩緩向後翻轉，至掌心向上，為一度吸氣；兩臂復又緩緩向前翻轉，為一度呼氣。如斯反覆六次，唯運動兩臂，務必用力，向左右撐開，

第一圖

則收效更大。證之尺骨、橈骨、肩胛骨諸經絡肌肉非常酸楚，可以知運用筋骨之功矣（如第一圖）。

二、承上兩臂左右撐開，緩緩向內收縮於兩胃旁，然後復向下緩

緩垂直，指端向前，又緩屈十指為拳，如是則告終止矣（如第二圖）。

第二圖

【生理上之關係】

此節動作，有呼出炭氣、吸收養氣之功用。人生之需養氣，較飲食為尤要，故呼吸關於生理甚大。

【心理上之關係】

孟子曰：氣體之充也。故久練呼吸，則氣充滿乎四體，而有心雄萬夫之概。

【教育上之關係】

研究學業，全在精神貫注；然氣不足，則精神從何而有？所以練習呼吸，氣足神完，而後可藥學者萎靡不振之病。

跋

吾國重文輕武，國術式微久矣。其間有習之者，或為方外僧侶，或屬江湖賣藝，所傳口訣，不偏於玄，即失之陋，後世不察，反從而變本加厲，學者惑焉。余久欲以科學方法整理之而未見諸事實，今吳志青先生以所著《中國新體操》見示，並囑為校閱。

余觀其書，係按諸生理、心理、教育諸原理所編，與余所主張之科學者吻合，可謂國術傑作也，更名《科學化的國術》，洵無愧。且科學國術者，非推翻吾國固有國術而創造之謂也，如書中言上肢運動，即少林十八法中朝天直舉排山運掌之意；軀幹運動，即少林十八法中黑虎伸腰腿力跌盪之意；快速運動，即少林中吞吐浮沉迅如風雹之意；舒緩運動，即太極專氣致柔之意；閃轉用掌循行進退，即八卦中青龍轉身之意；呼吸運動，即少林慧猛師所傳呼吸術，與河南派丹田提氣術、西江派提桶子勁之意；以及言鴛鴦、鯉魚、鷂子等名稱者，亦無非華佗氏五禽戲，與少林五拳、岳氏十二形之意，是皆本諸吾國固有之國術述而不作也，然則所謂科學化的國術者，唯用科學方法，改良國術，以期合於實用耳。故茲書出，固不可遽謂有強身強種強國之效，而補偏救弊，為國術界大放光明，此則余敢斷言者也。

中華民國十七年十二月

廣濟呂光華書於中央國術館

中華民國二十年七月再版

科學化的國術（全一册）

△（實價大洋三角）

（外埠酌加郵費匯費）

編者 吳志青 上海北福建路二號

發行人 沈駿聲 上海北福建路二號

印刷所 大東書局 上海北福建路二號

總發行所 大東書局 上海四馬路九十九號

分發行所 南京 杭州 廣州 北平 漢口 遼寧 長沙 梧州 天津 開封 徐州 汕頭 哈爾濱 重慶 南昌 大東書局

彈腿門之一種

六路短拳

于振聲
馬錦標 授

吳志青 編

志青同志 偉鑒

尚武精神

鈕永建

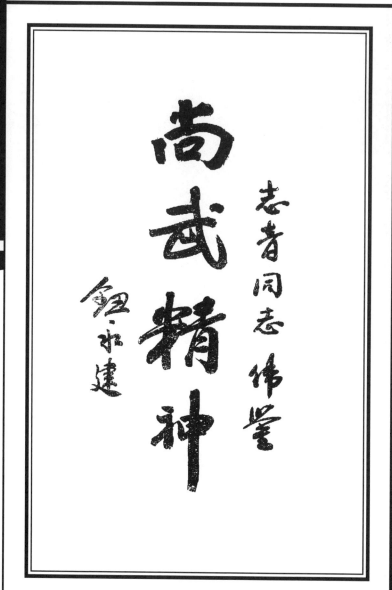

編者吳志青先生

編者略歷

編者皖之歙縣人，民國八年創中華武術會於上海；十二年又創中華體育師範學校，兼任校長，迨國民軍回師首都，遂加入軍事革命戰線；十三年任河南全省武裝員警豫東第一大隊長，兼任河南全省警務諮議；十四年任西北邊防督辦公署運輸處代理主任，旋調包寧長途汽車路局主任；十五年任國民軍第五軍參議，兼全軍武術總教練，暨兼本軍學兵團團附（校點：疑為「副」）代團長職權，未幾升任國民聯軍援陝第一路總司令部內防處處長，仍兼學兵團；十六年代表方總司令出關，報告西北軍革命工作於國民政府；同年調升國民革命軍第十一路軍總指揮部參議，兼本路軍行營軍械處處長；十七年仍任國民革命軍第四軍團總指揮部軍械處處長，嗣奉國民政府國術研究館電調，恢復中華武術會，並受聘任國術館董事，現奉令籌備上海特別市國術分館。

校閱者國民政府國術研究館

教授于振聲先生

校閱者國民政府國術研究館

教授馬錦標先生

例言

一、本編分上下兩編，上編係單練、成路、成套之姿勢，為下編之基礎；下編係對練、攻擊、防禦、出奇、制勝之法。

二、本編係彈腿門之一種，從前為秘不傳人之武術，方今科學昌明、百術公開時代，不得故步自封，視為獨得之奇，故本編基於利己利人之心，唯願我國民，體智德三育，均完善無缺，共登健康之域為職志。

三、本編之歌譜，為自昔所傳創造人之作。讀其句語，難於索解之處正多，因係原著，未便擅改，免失其真。

四、本編所定之術名，或因便於句讀，或切於實用，或想像形式以定之。考我國武術名詞，各家各派，分歧不同，或各套動作同，而名詞則異，種種不能一致，此為我國之缺點，實受秘密主義之害也，特聲明之。

五、本編全書共記六路，學習時可以一路習熟，再習二路，庶免博而不專之弊，故每路始以沖天炮，終亦以沖天炮，以便分段休息。

六、本編所說明練習方法，本平日教授之經驗，著筆只求明白，不求文字之工，尚祈閱者鑒諒。

七、本編挂一漏萬之處，在所不免，尚望海內方家指正為幸。

六路短拳　目錄

六路短拳譜

頭一路

出左步，左手旋。上右手，堪右肘。掛右肘，上左步。出左捶，轉身右手旋。上左步，堪左肘。掛左肘，上右步，挨身靠。迎面排腳。出左步，左手旋。堪右肘，右腳踢右垂堪，並步堪右肘。掛右肘，上左步。出左捶，歸左步。堪左肘，上右步，挨身靠。

第二路

腦後摘金，絞手掛面，出左步，左手旋。上右步，圈右捶，掛右肘，扯左步，出左捶，轉身左手旋。上右步，壓右肘，挨身靠，鑽邊解帶。出左步，左手旋，上右腿，就式拭靠。歸右步，堪右肘，掛右肘。

上左步，出左捶，歸左步，堪左肘，掛左肘，上右步，挨身靠。

第三路

絞手阜勒，出左步，左手接，右手接，叉雙捶，雙捶掤起右腳踢，趕步出雙捶，轉身出左步，左手旋，提右膝，壓右肘，挨身靠。

第四路　仙人轉影回身計

出左步，左手旋，上右步，圈右捶，掛右肘，扯左步，出左捶，上左步，右手托肘，轉身右手旋，右腳踢趕之，二起腳，右手旋，上左步，金絲抹眉，左手旋，上右步，壓右肘，飛虎攔路式，上右步，右手旋，上左步，左肘壓，掛左肘，右腳踢趕之，二起腳，名叫混江龍，挨身靠。

第五路

出左步，左手旋，右手托肘，踢右腳，右捶堪，右手旋，左手托肘，踢左腳，左捶堪，左手旋，上右步，挨身靠。

第六路

出左步，左手旋，堪右肘，踢右腳，右捶堪，左肘堪，左腿盤，轉身踢右腳，右手旋，上左步，壓左肘，挨身靠，出右步，右手旋，堪左腳，踢左腳，右捶堪，右肘堪，右腿盤，轉身踢左腳，左手旋，上右步，壓右肘，挨身靠。

以上六路短拳形式通變。

六路短拳歌

一、二虎登山湯瓶勢　霸王即肩夜行犁
進步盤肘拳朝上　迎面排腳掛肩劈
趕馬拳挨身進步　托鞭勢乍手要急
反劈蓋絞手掛面　挨身靠暗把腳提
硬七星鑽鞭解帶　順步勢日月雙提
二、勾摟彈腿世無雙　插拳進步暗地藏
攔手持衡觀敵變　金絲抹眉不用忙
撩陰進步頂心肘　絞手掛面把人傷
硬七星鑽鞭解帶　順步勢站似金剛

三、托排斜插一杆旗　腦後摘金少人知
老牛背金鈎掛瓶　仙人轉影回身計
使盤肘按手劈蓋　反劈拳插手要低
直沖拳絞手掛面　挨身靠暗把腳提
硬七星鑽鞭解帶　順步勢變化多機
四、提膝盤肘把身存　怪蟒出穴奔前心
上捧下鎖九路腿　低手插拳門路深
反身披蓋使匾踹　連環扣要左右分
絞手掛面挨身靠　鑽鞭解帶步急跟
五、旋中旋旋托中托　旋中盤肘托中抹
絞手曾抹人難防　金絲抹眉順手奪
左右堪管虎攔路　按手披蓋抱臻踩

反身劈絞手掛面　挨身靠暗把腳提

硬七星鑽鞭解帶　順手勢孤燕巡窩

六、穿心定步勢法精　猛虎出洞令人驚

換步雙堪十字腿　順步單鞭混江龍

左右搜山倒叉步　平地登雲勢要雄

絞手掛面挨身靠　鑽鞭解帶硬七星

順步勢肩擔日月　回舊勢魁星抱瓶

六路短拳圖說

第一路　分段步點陣圖

由西往東。

第一段

甲↓乙↓丙↓丁↓戊

第二段

戊↑丁↑丙↑乙↑甲

第三段

甲↓乙↓丙↓丁↓戊

第四段

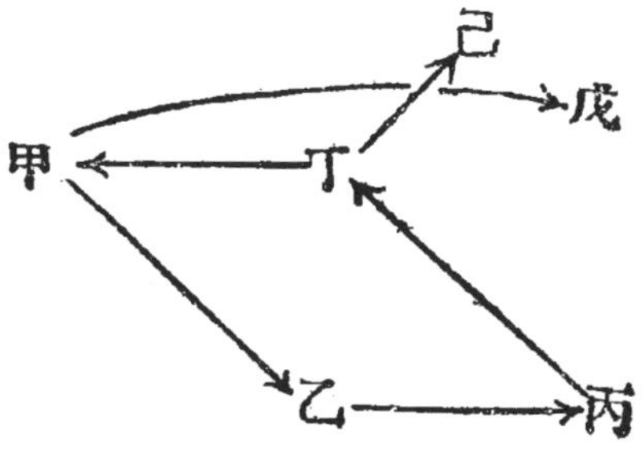

第一路歌譜

歌曰

二虎登山湯瓶勢　霸王即肩夜行犁
進步盤肘拳朝上　迎面排腳掛肩勢
趕馬拳挨身進步　托鞭勢乍手要急
反劈蓋絞手掛面　挨身靠暗把腳提
硬七星鑽鞭解帶　順步勢日月雙提

譜曰

頭一路，出左步，左手旋。上右手，堪右肘。掛右肘，上左步。出左捶，轉身右手旋。上右步，堪左肘。掛左肘，上右步，挨身靠。迎面排腳。出左步，左手旋。堪右肘，右腳踢，右捶堪，並步堪右肘。掛右

第一圖

肘，上右步。出左捶，歸左步。堪左肘，上右步，挨身靠。

第一路　習練法

第一段

【術名】抱　肘

由立正式，兩掌握拳，四指捲緊，大指扣住四指，迅速屈肘置於腰間，雙肘向後緊抱，小腹向內收，胸膛挺起。眼平視（如一圖）。

第二圖

第三圖

【術名】沖天炮

兩拳由腰間向前平衡，手心向下，兩虎口相切，兩臂與肩平（如二圖）。

右臂畫半圓形由下而上沖至額前，脈部斜向外；同時，左臂畫半弧形由上而下扎，左肘置於臍前，脈部向內，兩虎口上下相對（如三圖）。

第四圖

第五圖

第二段

【術名】右馬步盤肘式

一、左拳變掌向左平擄。同時，左腳由甲位向左移至乙位，兩腿即向下蹲（成騎馬式）（如四圖）。

二、左腳尖向左後轉，右腳由甲位即向東移至丙位（仍蹲下騎馬式）。同時，左臂收回握拳置於腰間，右臂趁勢向北盤，右肘平擋，肘尖正對心窩，拳與下頦齊（如五圖）（練習純熟一二兩動可併一動

第六圖

第七圖

為之）。

【術名】左馬步盤肘式

三、右拳變掌向右平擄，至右方成鉤子手（如六圖）。

四、右腳尖向右後轉，左腳由乙位即向東移至丁位（仍騎馬式）。同時，右臂收回握拳置於腰間，左臂趁勢向東盤肘平擋於身前，肘尖對心窩，拳對下頦（如七圖）（三四兩動習熟後可合為一動）。

第八圖

第九圖

【術名】格打式

五、左臂伸直翻轉上格，脈搏向東北上方（仍騎馬式）（如八圖）。

六、左向後轉，右腳由丙位移至戊位。同時，右（校點：疑缺一「拳」字）由腰際隨右腳向東衝出，拳眼斜向上，拳與肩齊，眼拳身法如九圖（習熟後五六兩動併為一動。此為初學者便於記憶而姿勢亦易於正確，望勿視為迂緩耳）。

第十圖

【術名】沖天炮

七、左腳由丁位，向右腳併攏於戊位。右拳由下向上沖，左拳由上向下扎，唯兩臂須由身前直線弧形上下（如十圖）。

第二段練習法，由東往西，與第一段同，自沖天炮起，左右盤肘式、格打式、沖天炮止，續練第三段。

第十一圖

第三段

【術名】進步撩掌式

一、由沖天炮式，提左腿。同時，左臂伸直，拳即變掌，手指向下沿左腿。左腳落於乙位。左掌即隨向東上撩，掌與肩齊，指與鼻齊；右拳即變鉤，由身前向西後擄成左弓式（如十一圖）。

第十二圖

第十三圖

【術名】彈腿式

二、左腳不動，提右腿向東彈出（如十二圖）。

【術名】劈扎式

三、右鉤變拳，由西向後上劈下扎，左掌即承托之。同時，右腳落於丙位，成右弓式（如十三圖）。

第十四圖

第十五圖

【術名】挑打式

四、右拳變掌由東上挑起，左掌即變拳收回置於腰間（仍右弓式）（如十四圖）。

五、右掌握拳由上收回於腰間，左拳即速向東衝出。同時，左腳由乙位移至丁位（成騎馬式）（如十五圖）。

第十六圖

第十七圖

【術名】格打式

六、左臂伸直轉向翻東上斜架，脈搏向前，拳與頂齊（如十六圖）。

七、左腳尖用力向後轉，右腳即移至戊位。同時，右拳由腰間衝出。眼視拳（如十七圖）。

第十八圖

第十九圖

【術名】沖天炮

八、左腳由丁位向右腳併攏於戊位。右拳由下而上沖，左拳由上而下扎，唯兩臂須由身前直線上下（如十八圖）。

第四段

【術名】絞手式

一、由沖天炮式，提左腿平屈。左拳變掌，伸直於左腿旁（如十九圖）。

第二十圖

由上式，左腳即落於乙位。左掌即向上絞至左肩前；同時，右臂下垂（如二十圖）。

第二十一圖

由上式，右腳由甲位即移至丙位（成騎馬式）。同時，右拳由下向上，即經肩前下插於身前，左掌由上而下速護於右頰前（如二十一圖）。

第二十二圖

第二十三圖

【術名】掛面式

二、由上式，左掌握拳，右臂轉脈部向前，兩臂交叉，右臂伸直斜上割，同時左臂向下掛。左腳靠攏，兩腿、胸、腰迅速直挺（如二十二圖）。

【術名】格打式

三、由上式，提左腿。左臂即上格，右拳收回於腰間（如二十三圖）。

第二十四圖

第二十五圖（側面）

四、由上式，左腳落於丁位，右腳即移至甲位（**成騎馬式**）。右拳即由腰間衝出（如二十四圖）。

【術名】丁步式

五、由上式，右拳變鉤向右後平擄。同時，右腳移至戊位，左腳即移至己位（**成丁字式**）。左臂順左腳向北平擋，右鉤即變拳置於腰間（如二十五圖）。

第二十六圖

第二十七圖

【術名】格打式

六、由上式，左臂翻轉伸直上格。同時，左腳由己位移至丁位（如二十六圖）。

由上式，左腳尖用力向後轉，右腳由戊位移至甲位。同時，右拳向東衝出（如二十七圖）。

第二十八圖

【術名】沖天炮

七、由上式，右腳由丁位移至甲位，與左腳併攏。右拳由下而上沖，左拳由上而下扎，唯兩拳由身前直線上下（如二十八圖）。

各路所以分四段者，為初學武術同志便於記憶，若練習純熟，則可一氣呵成，切不可拘於一二三四之口令，致失武術之真精神也。閱者祈留意焉。

第二路　分段步點陣圖　由東往西

第二段

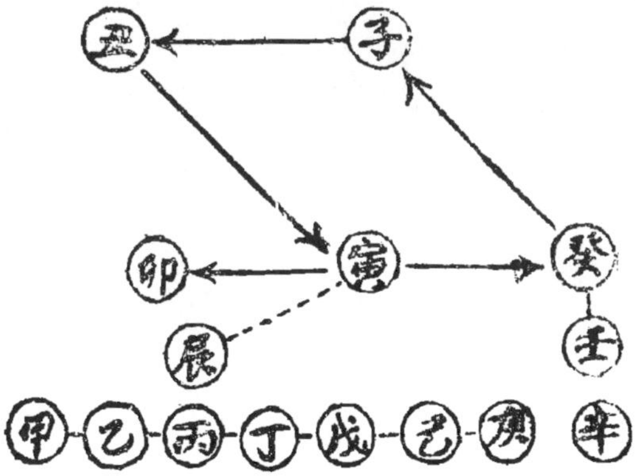

第二路第一段

第二路 歌 譜

歌 曰

勾摟彈腿世無雙　插拳進步暗地藏
攔手持衡觀敵變　金絲抹眉不用忙
撩陰進步頂心肘　絞手掛面把人傷
硬七星鑽鞭解帶　順步勢站似金剛

譜 曰

第二路，腦後摘金，絞手掛面，出左步，左手旋。上右步，圈右捶，掛右肘，扯左步，出左捶，轉身左手旋。上右步，壓右肘，挨身靠，鑽邊解帶。出左步，左手旋，上右腿，就式拭靠。歸右步，堪右肘，掛右肘。上左步，出左捶，歸左步，堪左肘，掛左肘，上右步，挨

第一圖

身靠。

第二路　習練法

第一段

預　備　沖天炮

動作與第一路開始式同。

【術名】套步左（右）衝拳式

一、左腳由甲位移至乙位，右腳由甲位，即從左腳後，套至丙位。兩臂同時上下由外互換位置（如一圖）。眼正視。

第二圖

第三圖

二、左腳由乙位即移至丁位（成馬式）。同時，左拳由上蓋下收回至腰，抱肘，右拳即由腰間向西衝出（如二圖）。

眼隨右拳而視。

三、左拳亦從腰間，向東衝出（如三圖）。

眼亦從左拳而轉。

第四圖

第五圖

【術名】勾摟式

四、左拳變鉤，在左膝前，向北勾摟（如四圖）。

五、右拳變鉤，身向左轉，亦從左膝前，向東西勾摟（如第五圖）。

第六圖

第七圖

六、摟至右方平舉即握拳；同時，左勾變拳，橫堪於身前（如第六圖）。四、五、六三動習熟後可連成一氣。

【術名】彈腿式

七、左腳不動，迅提右腿，向東踢出。同時，右臂即向東與左臂相併，兩手心均向上，兩肘緊貼肋部（如七圖）。

第八圖

第九圖

【術名】 衝拳與打式

八、右踢腿，即落至戊位。同時，左拳向東衝出，右拳收回於腰間（如八圖）。

九、同時，左拳翻轉架起，右拳由腰間向東衝出。身體即向左轉，成馬式（如九圖）。

第十圖

第十一圖

【術名】沖天炮式

十、左拳變掌，向右下按；右拳由下上衝，左掌在右腋下，掌心向外。同時，左腳併攏，直立於戊位（如十圖）。

【術名】套步進肘式

十一、右腳向東移至己位，左腳即由右腳後，套至庚位（如十一圖）。

第十二圖

第十三圖

十二、右腳即向東移至辛位。同時，右臂平屈，向東進肘；左掌即緣右肘套出，上護於腦前（如十二圖）。

【術名】進步撩掌式

十三、右拳變掌，向上沖，左掌向右下按。同時提腿（如十三圖）。

第十四圖

第十五圖

十四、左腿即向北落於壬位。同時，左拳變鉤，由前摟至後方；右拳沿右腿，由下往上撩掌（如十四圖）。

【術名】空提膝式

十五、右膝前提。左掌由上順下拍於右腿上（如十五圖）。

第十六圖

第十七圖

【術名】進步定心肘式

十六、屈右臂，同時，右腳向癸位落下。即進右肘，右掌附於右臂上，向前頂（如十六圖）。

【術名】沖天炮式

十七、右臂由下上沖，左掌握拳往下落。同時，左腳向右腳併攏於癸位（如十七圖）。

第二段 由西往東

【術名】絞手掛面式

方法同第一路，唯此式初作，由西往東。

【術名】進步格打式

同右。

【術名】丁步盤肘式

同右。

【術名】進步格打式

同右。

【術名】沖天炮式

同右。

第三路　分段步點陣圖

第一段

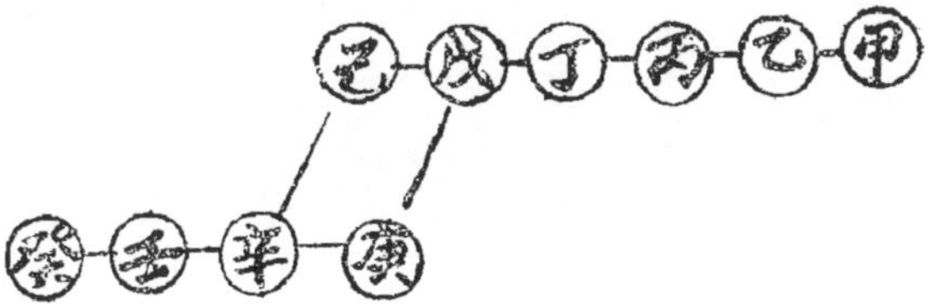

第二段

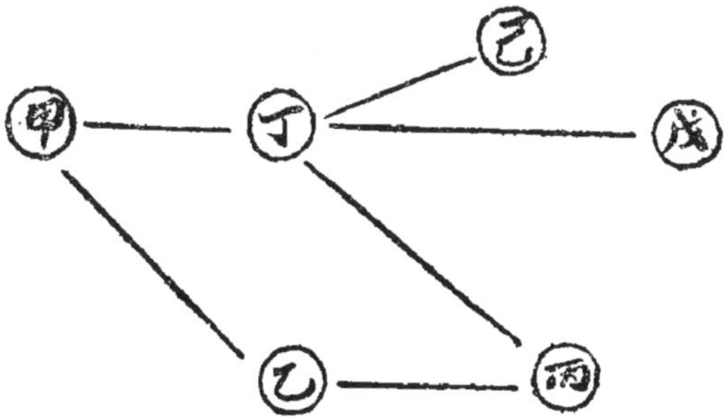

第三路歌譜

歌曰

托排斜插一杆旗　腦後摘金少人知
老牛背金鉤掛瓶　仙人轉影回身計
使盤肘按手劈蓋　反劈拳插手要低
直沖拳絞手掛面　挨身靠暗把腳提
硬七星鑽鞭解帶　順步勢變化多機

譜曰

第三路，絞手阜勒，出左步，左手接，右手接，叉雙捶，雙捶掤起右腳踢，趕步出雙捶，轉身出左步，左手旋，提右膝，壓右肘，挨身靠。

第一圖

第三路　習練法

第一段

由第二路休息式沖天炮繼續演習第三路。

【術名】掛肘式

一、左腳由甲位，向西出一步，成左弓式。同時，左臂伸直由下向西前上掛肘，拳眼正對肩尖，肘子內扣；同時，右臂由上往東收回抱拳於腰間。眼平視，腰挺直（如一圖）。

第二圖

第三圖

【術名】金龍合口

二、左掛肘伸直變掌；同時，右抱拳變掌伸直，由東往上合於左掌上（如二圖）。

三、同時兩掌合擰，向懷中帶回，兩肘貼肋。同時左腳伸直，右膝彎，成右反弓式，左腳尖內扣。腰直，胸挺（如三圖）。

第四圖

第五圖

【術名】撩拳排腿式

四、左臂伸直，沿左腿向東上撩，右掌變鉤向後摟。左腿彎膝，右腿即伸直，同時，提腿，腳尖向上，用腳底向東排出；同時，左腿微屈，腳尖與身體略轉向東。左掌指尖與鼻尖齊，右勾仍垂於後（如四圖）。

【術名】斜插式

五、右排腿落於丙位。同時，右勾變拳由下往上至肩前向右腿外邊下插。兩腿下彎，成馬式。左掌

第六圖

第七圖

即護面部於肩前。眼視東（如五圖）。

【術名】一旗杆

六、左掌沿右臂下按，右拳往內向上直沖。同時，左腳併於丙位立正，身向北。眼視東。左掌置於右腋下，手心向外（如六圖）。

【術名】倒叉步

七、移右腳至丁位；同時，左腳由右腳後方倒叉至戊位（如七圖）。

第八圖

第九圖

【術名】腦後摘金

八、即移右腳向西至己位。同時，右臂沿左掌往下下揪出，左掌即向上掀，是時兩臂屈於腰前，即分向東西，兩拳猛在腦後（敵人之腦後）擊去，左拳即變掌承拳於額前。成馬式（如八圖）。

【術名】雙勾手

九、右拳與左掌即變勾形，分左右猛向後勾。仍馬式（如九圖）。

第十圖

第十一圖

【術名】金鉤掛玉瓶

十、提右腿。撩右掌，右掌由右腿外邊上撩，肘內扣，腕內拗，左勾即變拳收回於腰間（如十圖）。

十一、右腳即向南落於庚位，左腳即移至辛位。同時，左臂平屈於前，拳即變勾往外拗，右臂上掀於額前。成馬式，身體南向（如十一圖）。

第十二圖

第十三圖

【術名】左回身計

十二、右掌虎口沿左小臂向東猛推。

同時，右腿提起，預備向左回轉一週（如十二圖）。

十三、旋轉一週，右腳即下跺響步（旋轉時左臂垂直，仍勾右手，仍是推勢於肩前，轉則用左腳尖踵須離地，方能轉動自如）（如十三圖）。

第十四圖

第十五圖

【術名】彈腿式

十四、提腿向東平踢。手臂仍舊不變（如十四圖）。

【術名】撩掌式

十五、腿即落於壬位。同時，左勾變掌由右腿外向東上撩，指端與鼻齊，肘內扣；同時，右掌變勾往後摟（如十五圖）。

第十六圖

第十七圖

【術名】使盤肘

十六、右腿提起即癸位落下，成右弓式。同時，左（校點：疑為「右」）勾握拳，盤肘向東頂心使肘；同時，左掌附於右臂上。腰直，眼平視。肘尖與肩平（如十六圖）。

【術名】按手劈蓋

十七，左掌向右肘尖前往下按手；同時，右拳變掌，小臂即向上翻劈，右（校點：應為「左」）掌置於右腋下（如十七圖）。

第十八圖

【術名】沖天炮

十八、左腳由壬位向右腳併攏於癸位。右劈掌即握拳上沖，左掌即變拳下擋（如十八圖）。

第二段

由第一段沖天炮，續演第二段。

【術名】 絞手括面

與第一路第四段同。

【術名】 進步格打

同右。

【術名】 丁步盤肘

同右。

【術名】 進步格打

同右。

【術名】 沖天炮

同右。

第四路　分段步點陣圖

由西至東。

第一段

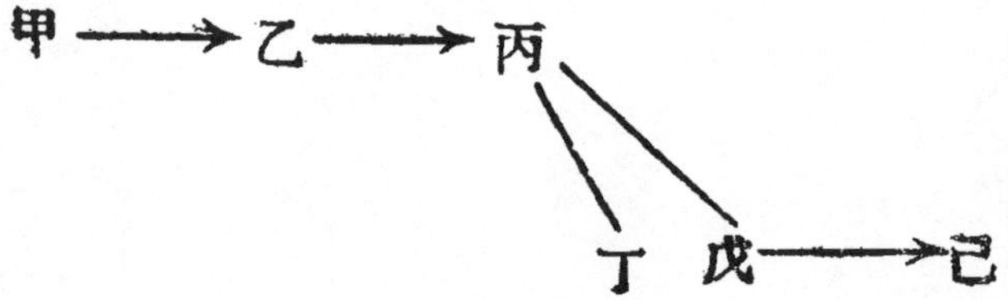

第二段

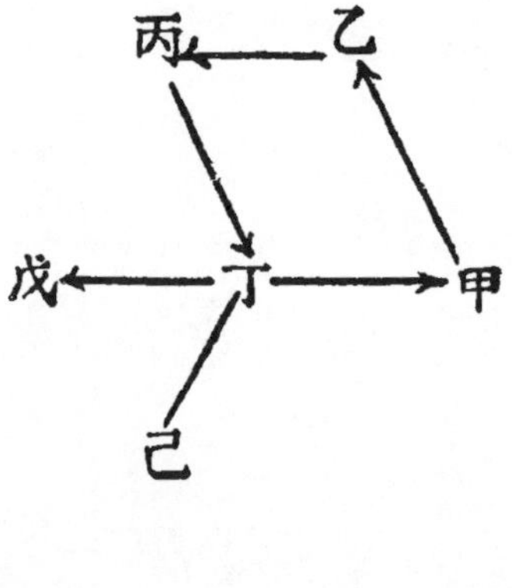

第四路 歌 訣

提膝盤肘把身存　怪蟒出穴奔前心
上捧下鎖九路腿　低手插拳門路深
反身披蓋使匾踹　連環扣要左右分
絞手掛面挨身靠　鑽鞭解帶步急跟

第四路 習練法

第一段

由第三路休息式沖天炮繼續演習第四路。

第一圖

第二圖

【術名】進步撩掌

一、左腿提起向西，由甲位移至乙位。同時，左掌變拳伸直，沿左腿內邊向東上撩；右拳變勾，由上往後按。

成左弓式（如一圖）。

【術名】提膝

二、右腳由甲位向東提膝。左掌即下拍右腿。同時，右膝伸。右手勾於後。眼平視（如二圖）。

第三圖

第四圖

【術名】頂心肘

三、右腳即落於丙位。同時，右勾變拳，即平屈右臂，向西進肘；左掌即附於右臂上，右拳眼正對右肩，肘尖正對敵心房。

右弓式（如三圖）。

【術名】按手劈蓋

四、左掌向右肘尖前往下按手；同時，右拳即變掌，小臂向上翻劈，左掌即置於右腋下（如四圖）。

第五圖

第六圖

【術名】退步勾摟

五、左右兩掌變勾，左臂沿右臂下，成交叉十字向前，兩勾即右膝前向後摟。同時，右腿向後退回甲位，成左弓式。兩臂垂直仍勾。挺胸，眼平視（如五圖）。

【術名】彈腿式

六、右腿提平，向西踢出，身體略轉向東。兩臂仍勾不動。左腿稍伸（如六圖）。

第七圖

第八圖

【術名】馬式衝拳

七、承右腿踢出，即落於丙位。同時，兩勾握拳，置於腰間，右拳則由腰間向西衝出，拳眼斜向上。眼視拳。成馬式，身面均向北（如七圖）。

【術名】閃肘式

八、右拳即向西閃，屈小臂，與大膊平行，拳眼正對右肩尖。其餘均各不動，仍馬式（如八圖）。

第十圖

第九圖

【術名】右回身計

九、左拳變掌，由腰間即沿右小臂向西推。同時，左腿提起，向右後轉一周，右腳尖即向右旋轉。

是時右臂伸直，左掌仍是推勢於胸前。眼平視，身面仍向北（如九圖）。

其二、旋轉一周，右腳即下跺響步，身面仍向南，兩腳併攏，兩膝稍屈，腰須直。

眼視東（如十圖）。

第十二圖

第十一圖

【術名】蹬腿式

十、即提右腿，向西直蹬，身稍向東彎。兩臂仍舊。左膝略伸（如十一圖）。

【術名】進步盤左肘

十一、右腿蹬出，即落於丁位，即用足尖右向後轉，左腳由丙位即移至戊位。同時，右掌變拳，向東南平摟，即收回至腰間，抱拳；左掌變拳，即東橫截，盤肘與第一路盤肘同（如十二圖）。

第十三圖

第十四圖

按：此背向南、面向北，手眼身步均同。

【術名】格打式

十二、右拳向東上斜格。左足尖即左向後轉，右腳移至己位。同時，右掌從腰間衝出。眼視拳東（如十三圖）。

【術名】沖天炮

十三、動作與第二路同（如十四圖）。

第二段

由第一段休息式沖天炮，繼續演第二段。

【術名】絞手掛面

動作同第二路、第二段同。

【術名】進步格打

同右。

【術名】丁步盤肘

同右。

【術名】進步格打

同右。

【術名】沖天炮

同右。

第五路　分段步點陣圖

由東往西。

第一段

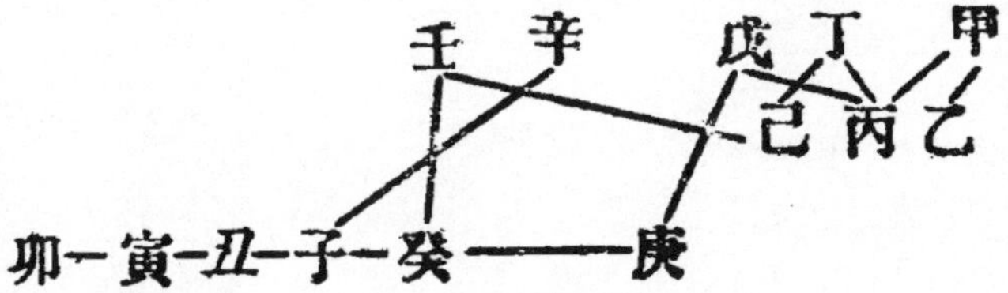

第二段

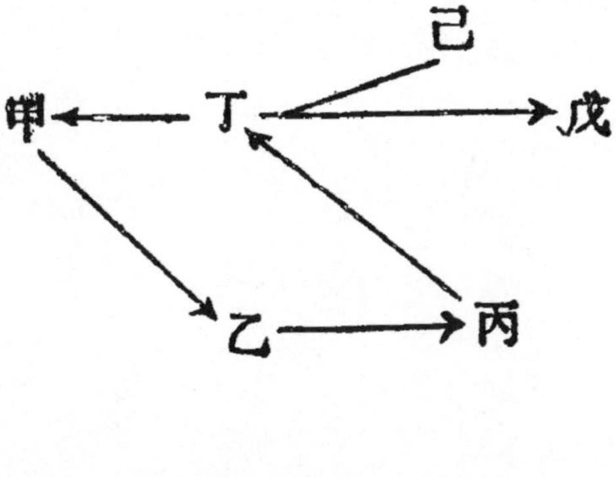

第五路 歌 訣

旋中旋　托中托　旋中盤肘托中抹
絞手曾抹人難防　金絲抹眉順手奪
左右堪管虎攔路　按手披蓋抱臻跺
反身劈絞手掛面　挨身靠暗把腳提
硬七星鑽鞭解帶　順手勢孤燕巡窩

第五路 習練法

第一段

由第四路休息式沖天炮繼續演第五路。

【術名】左拏右抱式

一、左拳變掌，向東平拏，收回置於腰間，手心向上。同時，左腳出一步，移至乙位。右拳即變掌，由上往下向東平托，手心向上。同時，右腳由甲位向丙位，排腿，身體轉向正北，眼平視東。右托手與肩平（如一圖）。

第一圖

第二圖

第三圖

【術名】右挑左插式

二、右托掌翻轉，向東南上挑四十五度。同時，右腳由丙位移至丁位，身體亦即轉向東南。同時，左掌向東南平插，手心向上，指與肋齊。左腳提起，即向東南，排腿，腳尖向上，用腳使勁（如二圖）。

【術名】倒叉步式

三、左排腿，落戊位；同時，右腳由丁位倒叉至己位，身體即轉向西南。眼平視。同時，左插掌變

第四圖

第五圖

勾，向東北後摟，右挑掌即附於左肩上。腰直，胸挺（如三圖）。

四、右掌變勾，向東南後摟；

【術名】撐摸腿

左勾變掌，即向西南撐，掌邊向前，指端向上與鼻平。同時，左腿由戊位貼地摸至庚位，成右弓式。眼平視東北（如四圖）。

五、左腿提平。左掌下垂，位

【術名】左絞手式

於左臀外邊。同時，右腿伸直。眼平視東（如五圖）。

第六圖

第七圖

六、左手由下向上，成弧線絞一週，置於腰間。同時，左腿落於辛位，右腳即由戊位，移至壬位。右勾變掌，由後往上向下斫，手心向上，右膊貼肋，小臂平舉於腹前。是時面向北，成騎馬式（如六圖）。

【術名】左摸眉掌

七、左掌由腰間，向東直出。同時，轉體向右。右掌即收回至腰間。成右弓式，眼視掌（如七圖）。

第八圖

第九圖

【術名】右順手掌

八、右掌由腰間，向西撐出，指尖與鼻齊，左掌即位於額前。體轉正，成騎馬式。

眼視右掌（如八圖）。

【術名】右絞手式

九、右腿提平，左腿直。同時，右拳下垂，左掌置於腰間。

眼視東（如九圖）。

第十圖

第十一圖

十、右手由下向上，成弧線絞一週，置於腰間。同時，右腿落於癸位，左腳即由辛位移至子位。左掌由腰間向後往上向下斫，手心向上；左膊貼肋，小臂平舉於腹前。是時面向南，成騎馬式（如十圖）。

【術名】右摸眉掌

十一、右掌由腰間向東直出。同時，轉體向左。左掌即收回至腰間。成左弓式。眼視掌（如十一圖）。

第十二圖

第十三圖

【術名】左順手掌

十二、左掌由腰間向西撐出，指尖與鼻尖齊，右掌即位於額前。體轉正，成騎馬式。

眼視左掌（如十二圖）。

【術名】彈腿式

十三、右掌由額前變勾，向後摟。右腿即提平，向東彈出。左掌不動。左腳伸。

眼視左掌（如十三圖）。

第十四圖

第十五圖

【術名】劈扎式

十四、右勾握拳，由後向上往東下劈扎於左掌上。同時，右腿落於丑位，成右弓式（如十四圖）。

【術名】左盤肘

十五、動作同第一路、第一段左盤肘同（如十五圖）。

第十六圖

第十七圖

【術名】格打式

十六、動作同第一路、第一段格打式同（如十六圖）。

【術名】沖天炮

十七、動作同第一路、第一段沖天炮式同（如十七圖）。

第二段

由第一段休息式沖天炮，繼續演第二段。

【術名】 絞手割面

與第一路第四段同。

【術名】 進步格打

同右。

【術名】 丁步盤肘

同右。

【術名】 進步格打

同右。

【術名】 沖天炮

同右。

第六路　分段步點陣圖

由西往東。

第一段

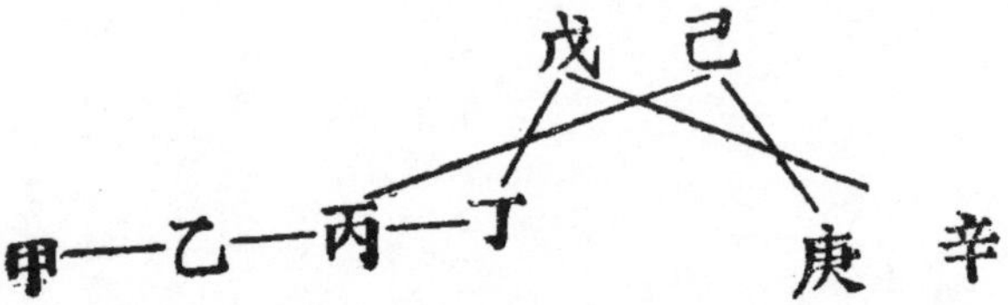

第二段

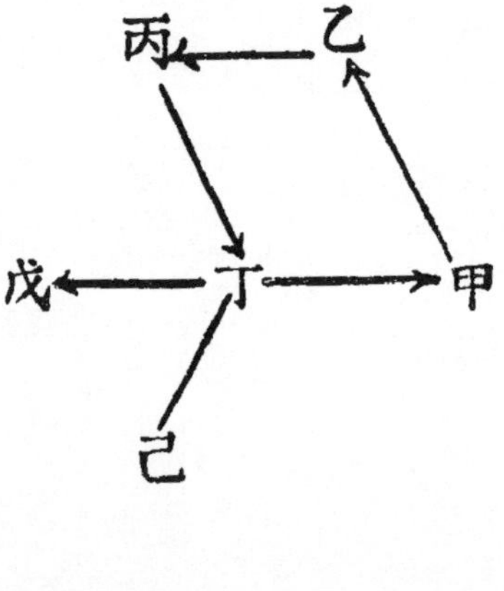

第六路　歌　訣

穿心定步勢法精　猛虎出洞令人驚
換步雙堪十字腿　順步單鞭混江龍
左右搜山倒叉步　平地登雲勢要雄
絞手掛面挨身靠　鑽鞭解帶硬七星
順步勢肩擔日月　回舊勢魁星抱瓶

第六路　習練法

第一段

由第五路休息式沖天炮，繼續演習第六路。

第一圖

第二圖

【術名】猛虎出洞

一、左腳由甲位向西出一步至乙位，成左弓式。同時，兩拳猛向西衝出，兩手脈門相合，左手脈搏向上，右手脈搏向下，兩拳昂起似虎口，左拳向南，右拳向北，兩拳正對胸膛。肩須鬆，腰須直，眼平視（如一圖）。

【術名】金龍合口

二、兩拳變掌，左右掌相旋轉，左掌在上，右掌在下，同時，即向懷中帶，兩肘貼肋。同時，左

第三圖

第四圖

腳伸，右膝伸，彎成右反弓式，左腳尖須內扣。眼平視（如二圖）。

【術名】撩掌踢腿

三、左臂伸直，沿左腿向西上撩，左掌變鉤，向後摟。左腿即彎膝，右腿即伸直，同時向西踢腿，此時腿不可過高，與膝齊。右掌與鼻齊（如三圖）。

【術名】單鞭式

四、承右踢腿未落地，即由左腳前倒叉，落於甲位。右勾變掌，從右腿前由懷中，沿胸前向西伸

第五圖

第六圖

直，往下捶，左掌俟右拳經懷中，即向右肩外下按，至肩前。是時眼視拳（如四圖）。

【術名】混江龍

五、兩腳尖用力向左後轉。同時，左掌向上擄，即握拳，向下劈，拳眼向上，右拳仍不動。眼視左拳。兩腿彎成騎馬式（如五圖）。

【術名】勾摟式

六、此動作與第二路勾摟式四同（如六圖）。

第七圖

第八圖

七、此動作與第二路勾摟式五同（如七圖）。

八、此動作與第二路勾摟式六同（如八圖）。

以上六、七、八三動，習熟可併合一動。

第九圖

第十圖

【術名】彈腿式

九、左腳不動，右腿提起，向西彈出，腳尖向下，腿須彈平（如九圖）。

【術名】登雲式

十、承右腳落於丙位，左腿即提起。同時，左拳變掌，置於右腋下。眼平視，腰直（如十圖）。

第十一圖

第十二圖

十一、左腿未下落於丙位時，即速蹬起右腿，向西踢出，是時兩腳均離地。同時，左掌由右腋套出，位於胸前；右拳由左手腕上，收回置於腰間。左腳即落於丙位（如十一圖）。

十二、承右腿彈出，即落於丁位。左掌上格，右拳由腰向東衝出。成騎馬式（如十二圖）。

以上十、十一、十二三動，習熟可併為一動。

第十三圖

第十四圖

【術名】右搜山式

十三、右腿提平，左腿直。同時，右拳下垂，左掌變拳，收回置於腰間。眼視西（如十三圖）。

十四、右手由下向上成弧線，搜一週，置腰間。同時，右腿落於戌位，左腳即由丙位移至己位。左拳由腰間向後往上向下斫，手心向上，左膊貼肋，小臂平於腹前。是時面北成馬式（如十四圖）。

第十五圖

第十六圖

【術名】右衝拳

十五、右拳由腰間向西直出。轉體向左。右拳即收回至腰間。成左弓式。眼視拳（如十五圖）。

【術名】格打式

十六、右拳上格位於額前，左拳即由腰衝出。同時，右腿變成騎馬式，身體向右轉正。眼視左拳（如十六圖）。

第十七圖

第十八圖

【術名】左搜山式

十七、左腿提平。左拳下垂，位於左臂外邊，右拳由外收回至於腰間。同時，右腿伸直。眼平視（如十七圖）。

十八、左手由下向上成弧線搜一週，置於腰間。同時，左腿落於庚位，右腿即由丙位移至辛位。右拳由後往上向下斫，手心向上，右膊貼肋，小臂平舉腹前。是時面向南成馬式（如十八圖）。

第十九圖

第二十圖

【術名】左衝拳

十九、左拳由腰間向西直衝出。同時，轉體向右。右拳即收回至腰間。成右弓式。眼視拳（如十九圖）。

【術名】格打式

二十、左手上格，位於額前，右拳即由腰間衝出。同時，左腿彎成騎馬式，身體向左轉正。眼視右拳（如二十圖）。

【術名】魁星抱瓶

二十一、左腿提起，右腿伸直。左手斜垂下，右手斜上挑。眼視西，腰直胸挺（如二十一圖）。

第二十一圖

第二段

由東往西。

此路第一段休息為魁星抱瓶式，與前五路異。以下各動作，與第二四兩路第二段同。

【術名】絞手割面

同第四路第二段。

【術名】進步格打

同右。

【術名】丁步盤肘

同右。

【術名】進步格打

同右。

【術名】沖天炮

同右。

附記

志青自民八創辦中華武術會於上海，繼又創設體育師範學校，編纂應用武術中國新體操諸課本，均經遠東運動大會表演，深得中外教育家、體育家之贊許，會務亦因之發展。迨至民國十三年江浙事起，市面緊張，會務與學校俱受影響，不克繼續猛晉。是時國民軍有班師回南消息，志青遂決從戎之志，於是將各項職務，一一請人庖代，免致中輟，而武術會事，則完全請由王一亭會長維持進行。

自此即東裝北上，加入國民軍，轉戰豫直察綏陝甘鄂贛，奔馳數萬里，冀革命事業，早日完成。

近以北伐成功，指日可待。訓政開始之期，民眾體育，實為主要，況武術教育為我國民性所本具，亦發揚民族之不二國魂。我華立國四千餘年，降及今日，已成為次殖民地，然猶不至亡者，由我先總理先烈士具有大無畏之精神以維繫之，不然，誰肯冒萬死而犧牲竭力，完成此大任耶?志青鋒鏑餘生，現服務國民革命第一集團軍、第四軍團總指揮部行營軍械處。

因公晉京，荷國術研究館張理事之江、李理事景林盛意招接，聘為國術研究館董事，為設立上海分館之先聲。一昨過滬招待新聞界諸同志，得晤老友周君瘦鵑，始悉是書已早付鉛槧，因未經志青校閱，遂致延擱，今幸出版有日，爰贅數字，以誌始末。

中華民國十七年五月十四日

吳志青

記於國民革命軍第一集團軍第四軍團總指揮部行營軍械處辦公廳

中華民國十七年七月出版
中華民國二十年三月三版

此書有著作權翻印必究

六路短拳圖說（全一冊）
○（每部定價五角）
（外埠酌加郵費匯費）

編輯者　吳志青
校閱者　于振聲　馬錦標
發行人　沈駿聲　上海北福建路二號
印刷者　大東書局　上海北福建路二號
總發行所　大東書局　上海四馬路九十九號
分發行所　南京　遼寧　徐州　廣州　長沙　汕頭　北平　梧州　重慶　漢口　天津　哈爾濱　大東書局

彩色圖解太極武術

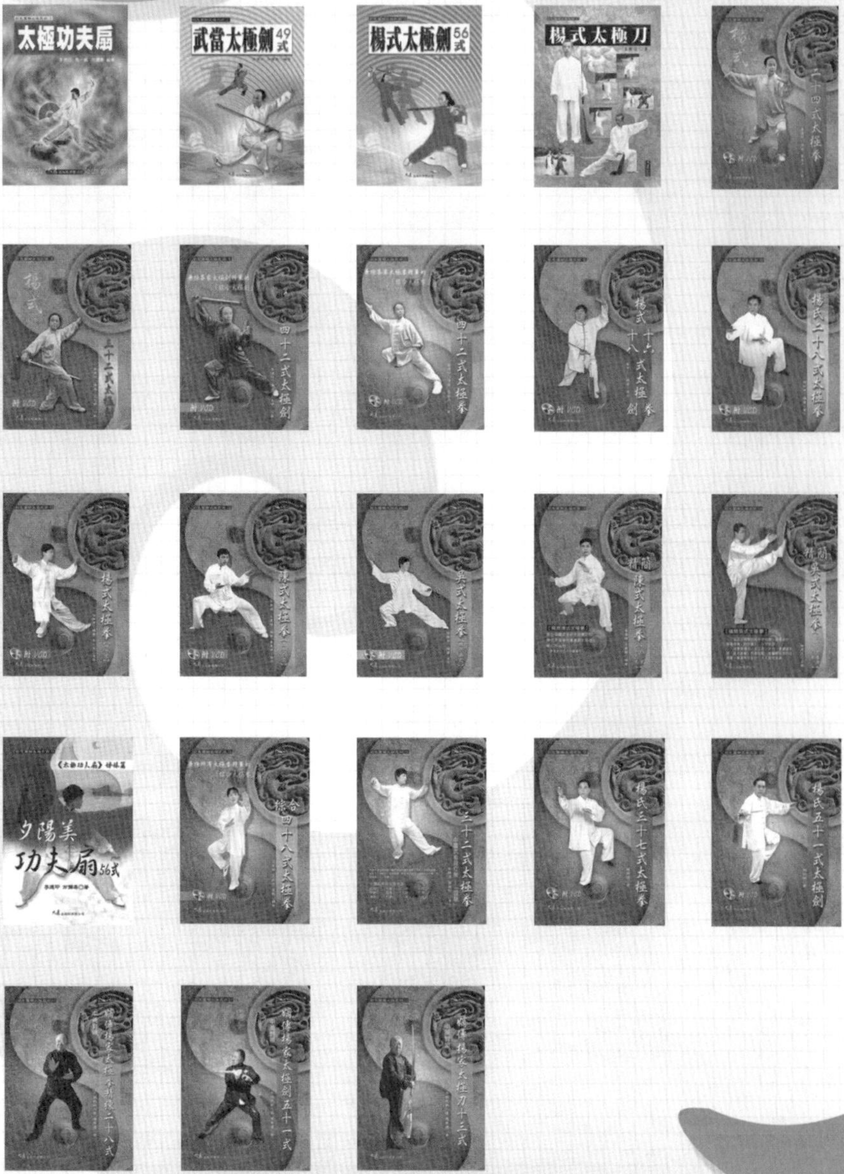
太極功夫扇
武當太極劍49式
楊式太極劍56式
楊式太極刀
二十四式太極拳
三十二式太極劍
四十二式太極劍
四十二式太極拳
楊氏二十八式太極拳
楊式太極拳
陳式太極拳
吳式太極拳
精簡陳式太極拳
精簡吳式太極拳
夕陽美功夫扇56式
綜合四十八式太極拳
三十二式太極拳
楊氏三十七式太極拳
楊氏五十一式太極劍
嫡傳楊家太極劍五十一式
嫡傳楊家太極刀十三式

健康加油站

糖尿病 預防與治療
胃部
不孕症治療
簡易 醫學急救法
肥胖 健康診療
肝功能 健康診療
高血壓 健康診療
高血糖值 健康診療
尿酸值 健康診療
膽固醇 中性脂肪 健康診療
痛風 劇痛消除法
三溫暖 健康法
手腳 病理按摩
B型肝炎 預防與治療
吃得更漂亮 健康
茶使您更健康
圖解常見疾病 運動療法
科學健身 改變亞健康
簡易 萬病自療 保健
王朝秘藥 媚酒
立見實效 保健操
越吃越性福
荷爾蒙與健康
越吃越長壽
自我保健鍛鍊
斷食促進健康
蔬菜健康法
Vegetable
水果健康法
Fruit
越吃越苗條
越吃越聰明
EAT & SMART
全方位 健康 藥草
人體 記憶地圖
提升免疫力 戰勝癌症
CANCER
腎臟病 預防與治療
怎樣配吃最健康
心臟病 腦中風
科學養生 細節
由人相診斷 健康
青春期智慧
前列腺(攝護腺) 健康診療
下半身鍛鍊法
四高健康診療

健康加油站

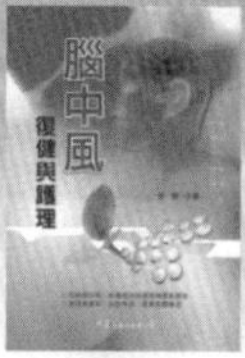

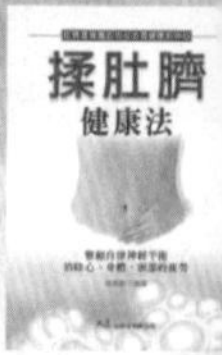

武術武道技術

截拳道入門

體育教材

歡迎至本公司購買書籍

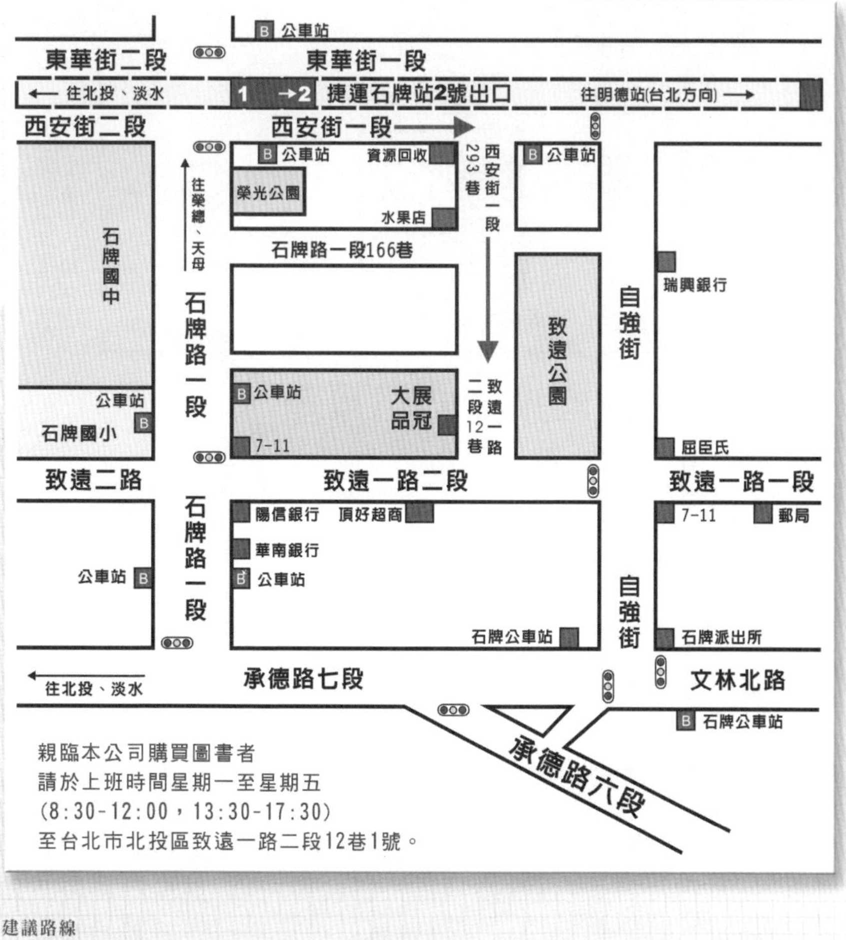

建議路線

1.搭乘捷運

淡水信義線石牌站下車，由月台上二號出口出站，二號出口出站後靠右邊，沿著捷運高架往台北方向走(往明德站方向)，其街名為西安街，約80公尺後至西安街一段293巷進入(巷口有一公車站牌，站名為自強街口，勿超過紅綠燈)，再步行約200公尺可達本公司，本公司面對致遠公園。

2.自行開車或騎車

由承德路接石牌路，看到陽信銀行右轉，此條即為致遠一路二段，在遇到自強街(紅綠燈)前的巷子左轉，即可看到本公司招牌。

國家圖書館出版品預行編目資料

科學化的國術　六路短拳／吳志青　著
——初版——臺北市，大展，2018[民107.02]
面；21公分——（老拳譜新編；35）
ISBN 978-986-346-197-5（平裝）
1.拳術　2.中國
528.972　　106023305

科學化的國術　六路短拳

著　　者／吳　志　青
責任編輯／王　躍　平
發 行 人／蔡　森　明
出 版 者／大展出版社有限公司
社　　址／台北市北投區（石牌）致遠一路2段12巷1號
電　　話／(02) 28236031・28236033・28233123
傳　　真／(02) 28272069
郵政劃撥／01669551
網　　址／www.dah-jaan.com.tw
E-mail／service@dah-jaan.com.tw
登 記 證／局版臺業字第2171號
承 印 者／傳興印刷有限公司
裝　　訂／眾友企業公司
排 版 者／千兵企業有限公司
授 權 者／山西科學技術出版社
初版1刷／2018年（民107）2月

定　價／230元

大展好書 好書大展
品嘗好書 冠群可期

大展好書　好書大展
品嘗好書　冠群可期